以改革精神加强广东党的建设

改革再造一个新广东系列丛书

中共广东省委党校（广东行政学院）编
吴记峰 主编

SPM 南方传媒 | 广东人民出版社
·广州·

图书在版编目（CIP）数据

以改革精神加强广东党的建设/ 中共广东省委党校（广东行政学院）编；吴记峰主编. -- 广州：广东人民出版社，2025. 1. --（改革再造一个新广东系列丛书）.
ISBN 978-7-218-18259-9

Ⅰ. D26

中国国家版本馆 CIP 数据核字第 20256SN677 号

YI GAIGE JINGSHEN JIAQIANG GUANGDONG DANG DE JIANSHE

以改革精神加强广东党的建设

中共广东省委党校（广东行政学院） 编

吴记峰 主编

出 版 人：肖风华

出版统筹：卢雪华

责任编辑：李宜励 李鲁新

文字编辑：曾靖怡

责任校对：胡艺超

装帧设计：样本工作室

责任技编：吴彦斌

出版发行：广东人民出版社

地 址：广州市越秀区大沙头四马路 10 号（邮政编码：510199）

电 话：（020）85716809（总编室）

传 真：（020）83289585

网 址：http://www. gdpph. com

印 刷：广州市豪威彩色印务有限公司

开 本：889 毫米×1194 毫米 1/32

印 张：4. 375 **字 数**：80 千

版 次：2025 年 1 月第 1 版

印 次：2025 年 1 月第 1 次印刷

定 价：26. 00 元

序

党的二十届三中全会是在以中国式现代化全面推进强国建设、民族复兴伟业的关键时期召开的一次十分重要的会议，是在新的历史起点上进一步全面深化改革，推进中国式现代化的总动员、总部署，是对新时代新征程举什么旗、走什么路的再宣示，具有重大的政治意义和深远的历史影响。习近平总书记的重要讲话，深刻阐述了进一步全面深化改革、推进中国式现代化的一系列方向性、根本性重大问题，为进一步全面深化改革提供了根本遵循。全会审议通过的《中共中央关于进一步全面深化改革、推进中国式现代化的决定》，既是党的十八届三中全会以来全面深化改革的实践续篇，也是新征程推进中国式现代化的时代新篇。

广东是改革开放的排头兵、先行地、实验区，必须在进一步全面深化改革中走在前、作表率，更好肩负起在推进中国式现代化建设中走在前列的使命任务。省委始终牢记习近平总书记和党中央的厚望重托，深入领会党的二十届三中全会的战略擘画，深刻把握广东在全国改革发展大局中的责任使命，召开省委十三届五次全会，出台贯彻落实意见，紧紧围绕走在前列的目标要求，聚力更好发挥窗口作用、更好发挥先行示范作用、更好发挥排头兵作用、更好发挥挑大梁作用，对广东进一步全面深化改革作出系统安排，努力展现新气象、干出新作为、谱写新华章。

学习、宣传、贯彻党的创新理论和战略部署是党校的职责使命。为帮助广大党员干部深刻领会党的二十届三中全会精神，深入了解广东改革开放特别是新时代以来的实践探索、全国兄弟省份的创新经验，推动省委十三届五次全会的改革谋划落地落实，省委党校（广东行政学院）集中骨干力量迅速组建9个团队，会同广东人民出版社，确定以“改革再造一个新广东”为主题编写学习贯彻党的二十届三中全会精神系列教材，历经多轮研讨打磨，最终成书。系列教材坚持政治性与通俗性相统一、准确性与可读性相统一、整体性与针对性相统一，文风力求鲜明生动、语言力求晓畅明白，有质有文、夹叙夹议，在精准阐释党的二十届三中全会战略部署及省委十三届五次全会工作安排的基础上，既对广东改革开放历史进行总体把握，又分领域分专题进行系统梳理，既充分挖掘展现新时代以来广东的实践探索，又针对性地学习阐释兄弟省份的先进经验，为全省广大党员干部进一步激发艰苦奋斗精神、拓宽创新发展视野、笃定改革前行方向提供有益的学习、参考和借鉴。

理论是灰色的，而生命之树常青。实践发展永不停步，思想引领、理论建设永无止境。今后，我们将始终心怀“国之大者”，聚焦党中央战略部署、省委具体安排，锚定建设全国一流党校奋斗目标，贯彻落实基本培训要求，不断优化课程体系、加强教材建设、创新实践教学，深化教学改革，持续提升教学质量，为广大党员干部坚定理想信念、拓展思维视野、提升理论素养、提高履职能力提供强有力支撑，为广东进一步全面深化改革、在推进中国式现代化建设中走在全国前列作出新的更大贡献。

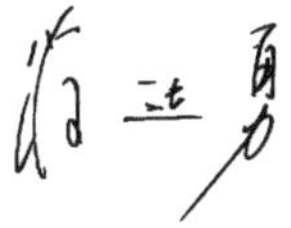

2024 年 12 月

目　录

CONTENTS

引言　以高质量党建引领进一步全面深化改革

党的二十届三中全会审议通过的《中共中央关于进一步全面深化改革、推进中国式现代化的决定》（以下简称《决定》）中强调，党的领导是进一步全面深化改革、推进中国式现代化的根本保证。要保持以党的自我革命引领社会革命的高度自觉，提高党对进一步全面深化改革、推进中国式现代化的领导水平。为什么进一步全面深化改革、推进中国式现代化建设需要党的全面领导，特别是党中央的集中统一领导？我们是为了党的全面领导而强调党的领导，还是说党的领导恰好解决了现代化进程中的一般性难题，反映了中国式现代化的内在要求？

从世界范围来看，现代化并不是一件容易的事情。特别是第三世界国家的现代化，充满了风险与挑战。中国式现代化打破了“现代化=西方化”的迷思，展现了现代化的另一幅图景，拓展了发展中国家走向现代化的路径选择。中国式现代化之所以取得了举世瞩目的成就，根本在于中国式现代化是中国共产党领导的社会主义现代化。全面建设社会主义现代化国家，全面推进中华民族伟大复兴，关键在党。中国共产党的领导决定中国式现代化的根本性质、确保中国式现代化锚定奋斗目标行稳致远、激发建设中国式现代化的强劲动力、凝聚建设中国式现代化的磅礴力量。换言之，新时代中国特色社会主义是中国共产党领导人民进行伟大社会革命的成果，也是中国共产党领导人民进行伟大社会革命的继续。要把新时代坚持和发展中国特色社会主义这场伟大社会革命进行好，中国共产党必须勇于进行自我革命，把党建设得更加坚强有力。

正是基于此，党的十八大以来，习近平总

书记带领全党以前所未有的决心力度推进全面从严治党，创造性提出一系列具有原创性、标志性的新理念新思想新战略，形成习近平总书记关于党的建设的重要思想和习近平总书记关于党的自我革命的重要思想，指引百年大党开辟了自我革命的新境界。习近平总书记还擘画指导了党的建设制度改革。习近平总书记 2018 年在庆祝改革开放 40 周年大会上指出，必须不断改善党的领导，让党的领导更加适应实践、时代、人民的要求；[①] 习近平总书记 2020 年在深圳经济特区建立 40 周年庆祝大会上强调，要深入贯彻新时代党的建设总要求，以改革创新精神在加强党的全面领导和党的建设方面率先示范；[②] 习近平总书记 2024 年在湖南考察时也再次指出，推动高质量发展、推进中国式现代

---

① 习近平：《在庆祝改革开放 40 周年大会上的讲话》，《人民日报》2018 年 12 月 19 日。

② 习近平：《在深圳特区建立 40 周年庆祝大会上的讲话》，《人民日报》2020 年 10 月 15 日。

化，必须加强和改进党的建设。[1] 因此，新时代进一步全面深化改革、推进中国式现代化，首先要深化党的建设制度改革、推进全面从严治党，保持党的先进性和纯洁性。在此基础上，提高党对进一步全面深化改革、推进中国式现代化的领导水平，以钉钉子精神推动改革举措的落实。

本书对《决定》中“提高党对进一步全面深化改革、推进中国式现代化的领导水平”部分进行深入学习，进而立足广东“改革开放的排头兵、先行地、实验区”的历史地位和“在推进中国式现代化建设中走在前列”的发展定位，引导广大党员干部保持以党的自我革命引领社会革命的高度自觉，以改革精神深化党的建设制度改革，以严的标准纵深推进全面从严治党，以钉钉子精神推动改革举措落实到位，续写新时代新征程进一步全面深化改革、高水平对外开放的南粤故事，书写以中国式现代化全面推进强国建设、民族复兴伟业的广东篇章。

---

① 《坚持改革创新求真务实　奋力谱写中国式现代化湖南篇章》，《人民日报》2024 年 3 月 22 日。

第一章　夯根基：以改革精神深化党的建设制度改革

治国必先治党，党兴才能国强。我们党作为世界上最大的马克思主义执政党，在14亿多人口的大国长期执政，既有办大事、建伟业的巨大优势，也面临治党治国的特殊难题。[①] 党要永葆先进性和纯洁性，从长计议还得靠改革、靠制度。在进一步全面深化改革、推进中国式现代化的进程中，必须深化党的建设制度改革，进而在党的领导下团结带领人民群众依靠顽强斗争打开事业发展新天地。从这个意义上讲，党的二十届三中全会通过的《决定》把深化党的建设制度改革摆在重要位置统筹谋划、接续

---

① 习近平：《论党的自我革命》，党建读物出版社、中国方正出版社、中央文献出版社2023年版，第352页。

推进，有着深远的战略考量。深化党的建设制度改革既是进一步全面深化改革的重要内容，也是进一步全面深化改革的重要保证，要通过持续深化党的建设制度改革，健全全面从严治党体系，解决大党独有难题，不断推进党的自我净化、自我完善、自我革新、自我提高，确保党始终成为时代先锋、民族脊梁。

一、加强和改进党的建设工作

《决定》从顶层设计的高度对深化党的建设制度改革作出战略安排，明确了路线图、任务书，并着重强调以调动全党抓改革、促发展的积极性、主动性、创造性为着力点，完善党的建设制度机制。习近平总书记2024年在湖南考察时也强调，推动高质量发展、推进中国式现代化，必须加强和改进党的建设。①

① 《坚持改革创新求真务实　奋力谱写中国式现代化湖南篇章》，《人民日报》2024年3月22日。

（一）建立党的创新理论武装长效机制

我们党作为世界上最大的政党，大就要有大的样子，大也有大的难处，如何确保全党在共同思想理论基础上的高度集中统一尤其不易。[①] 习近平总书记强调，组织是"形"，思想是"魂"。加强党的组织建设，既要"造形"，更要"铸魂"。[②] 所谓"铸魂"，就是要始终坚持用马克思主义中国化最新成果武装全党。基于此，我们强调马克思主义科学理论的武装，强调学习党的最新创新理论。《决定》中也再次强调，加强党的创新理论武装，建立健全以学铸魂、以学增智、以学正风、以学促干长效机制。

要巩固拓展习近平新时代中国特色社会主义思想主题教育成果，突出学习习近平新时代

① 习近平：《贯彻落实新时代党的组织路线　不断把党建设得更加坚强有力》，《求是》2020 年第 15 期。

② 习近平：《坚持用马克思主义及其中国化创新理论武装全党》，《求是》2021 年第 22 期。

中国特色社会主义思想，扎实开展大规模、体系化、全覆盖教育培训，引导广大党员、干部深学细悟蕴含其中的世界观、方法论，特别是“六个必须坚持”的精髓要义，自觉做坚定信仰者和忠实实践者。要健全党的创新理论学习制度，认真落实领导班子读书班、“第一议题”、专题党课、专题研讨等具体制度，建立经常性和集中性相结合的纪律教育机制，把理论武装不断引向深入。要大力弘扬理论联系实际的马克思主义学风，创新学习方式方法，完善理论学习考核评价机制，推动学习成效转化为立足岗位推动中国式现代化的实际行动。

（二）锻造善抓改革的高素质干部队伍

古人说：“国有贤良之士众，则国家之治厚；贤良之士寡，则国家之治薄。”干部工作也好，人才工作也好，本质上都是用人问题。我们要应变局、育新机、开新局、谋复兴，关键是要把党的各级领导班子和干部队伍建设好、建设强。光有思路和部署，没有优秀的人来干，那也难以成事。[①] 全面建设社会主义现代化国家，全面推进中华民族伟大复兴，关键在党，关键在人，关键在于建设一支堪当重任的高素质干部队伍。

应变局、育新机、开新局、谋复兴，关键是要把领导班子配优建强、把干部队伍管好用好。要坚持党管干部原则，鲜明树立选人用人正确导向，大力选拔政治过硬、敢于担当、锐意改革、实绩突出、清正廉洁的干部。聚焦解决“乱作为”问题，健全有效防范和纠治政绩观偏差工作机制，加强正确政绩观教育，改进推动高质量发展的政绩考核，督促引导领导干部悟透以人民为中心的发展思想，树立和践行正确政绩观。聚焦解决“不作为”问题，研究制定推进领导干部能上能下的实施细则。进一步明确“下”的情形、优化“下”的程序、拓宽“下”的渠道、压实“下”的责任，加大调

① 习近平：《贯彻落实新时代党的组织路线　不断把党建设得更加坚强有力》，《求是》2020 年第 15 期。

整不适宜担任现职干部力度，推动形成能者上、优者奖、庸者下、劣者汰的良好局面。聚焦解决“不敢为”问题，研究制定落实“三个区分开来”实施办法，正确看待干部在履职中的失误和错误，把从严管理监督和鼓励担当作为高度统一起来，旗帜鲜明为担当者担当、为负责者负责、为干事者撑腰、为创新者鼓劲。聚焦解决“不善为”问题，健全常态化培训特别是基本培训机制，强化专业训练和实践锻炼，有组织有计划把干部放到改革发展主战场、重大斗争最前沿、服务群众第一线去磨炼，全面提高干部现代化建设能力。

（三）增强党组织政治功能和组织功能

党的二十大报告强调“增强党组织政治功能和组织功能”，党的十九大报告强调“以提升组织力为重点，突出政治功能”，党的十八大报告则更注重基层党组织的“服务功能”。这次的《决定》中再次强调“增强党组织政治功能和组织功能”。也正是从这个意义上，党的二十大报告中强调，各级党组织要履行党章赋予的各项职责，把党的路线方针政策和党中央决策部署贯彻落实好，把各领域广大群众组织凝聚好。

要着眼横向到边、纵向到底，统筹推进各层级各领域党组织建设，完善上下贯通、执行有力的组织体系，推动各级党组织全面进步、全面过硬。要深入推进抓党建促乡村振兴，加强党建引领基层治理，探索加强新经济组织、新社会组织、新就业群体党的建设有效途径，加快构建统得起、兜得住、管得好的党建工作格局，扩大党在新兴领域的号召力凝聚力影响力。要认真执行“三会一课”等制度，全面推行支部主题党日，推进“两学一做”学习教育常态化制度化，扎实开展“不忘初心、牢记使命”主题教育，锤炼党员党性、提高思想觉悟。强化发展党员政治审查，优化党员队伍结构，健全教育管理考核机制，稳妥有序做好失联党员规范管理和不合格党员组织处置工作，搭建党员参与治理、发挥作用平台。

二、强化基层党建的地方经验

党的十八大以来，围绕深化党的建设制度改革，全国范围内在政治建设、思想建设、组织建设、干部建设、制度建设等方面进行了很多改革创新，特别是围绕增强党组织政治功能和组织功能以及激发党员干部干事创新的激情方面进行了很多改革，积累了基层党建工作创新的先行经验。

（一）上海：街道体制改革推动党建治理重心下移

近年来，上海坚持把加强基层党的建设、巩固党的执政基础作为贯穿社会治理和基层建设的一条红线，以改革创新精神探索加强基层党的建设引领社会治理的路径。特别是坚持大抓基层、夯实基础的鲜明导向，以强化街道党工委职能作用为突破口，把管理和服务力量放到基层，把街道社区做强做实，激发基层党组织的活力。

引导街道党工委聚焦主责主业。上海市委进一步明确，街道党工委作为区委派出机构，全面负责辖区内各项工作，在各类基层组织和创新社会治理中发挥领导核心作用。街道党工委主要履行“八项职能”，即加强党的建设、统筹社区发展、组织公共服务、实施综合管理、监督专业管理、动员社会参与、指导基层自治、维护社区平安。取消街道招商引资职能及相应考核指标和奖励，街道经费支出由区财政全额保障，推动街道党工委聚焦主责、突出主业、优化职能，把工作重心转移到基层党组织建设上来，转移到公共服务、公共管理和公共安全等工作上来，转移到为经济发展提供良好的公共环境上来。

赋予街道党工委相应职权和资源。针对条块不顺畅、权责不统一的问题，上海市委研究确定，向街道党工委下放“五项权力”：赋予街道党工委对区职能部门派出机构负责人的人事考核权；赋予街道党工委对区职能部门派出机构负责人的征得同意权；赋予街道党工委街道规划参与权，在制定社区建设规划和公共服务设施布局时，要征求街道党工委意见；赋予街道党工委综合管理权，对综合管理事项，由街道对相关职能部门及派出机构进行统筹协调、考核督办；赋予街道党工委对区域内事关群众利益的重大决策和重大项目的建议权。实行职能部门职责下沉准入制度，职能部门不得随意将工作职责下放到街道。新增事项需要街道承担的，职能部门不得直接下派，须由区委、区政府严格审核把关，并做到权随事转、人随事转、费随事转。

进一步优化街道社区机构设置。着眼于面向基层、面向群众、面向服务，按照精简、统一、高效原则，推进街道党工委内设机构的职能整合和功能优化，从过去的“向上对口”转变为“向下对应”，统一优化精简为 8 个办公室，即党政办公室、社区党建办公室、社区管理办公室、社区服务办公室、社区平安办公室、社区自治办公室，街道根据实际需要，可再自主设立 2 个工作机构。街道统一设立社区党建服务中心，配备 6 名至 15 名专职党群工作者，按照开放式、集约化、共享性要求，面向区域内所有党组织和党员群众开展服务。

切实加强基层基础保障。坚持人往基层走、钱往基层投、政策向基层倾斜，制定社区工作经费使用管理办法，把各个部门支持社区的政策、投向社区的资金、面向社区的项目整合起来、统筹使用，每个社区每年工作经费和服务群众专项经费各不少于 10 万元。2015 年，市级财政向区级转移支付资金较往年增加 25.1 亿元，其中社区管理一般性转移支付增加 3.3 亿元，用于加强街道社区基层组织建设和社区公共服务。

上海城市基层党建中的党建治理重心下移改革探索，解决了三方面问题。较好解决了“职能虚”的问题。过去街道社区党组织什么都管，什么也管不着，什么都抓，什么也抓不起。现在“八项职能”，每项都很硬很实。较好解决了“职责偏”的问题。取消招商引资，使街道党工委专心致志抓党建、抓服务，全市 820 多名街道骨干回归公共管理和服务岗位。较好解决了“机构滥”的问题。过去机构设置简单地与区直部门一一对应，导致忙闲不均，有人没事干，有事没人干。通过优化机构设置，关系更顺畅，工作更有序。四是较好解决了“资源空”的问题。过去上面一些部门只下任务不下资源。现在基层党组织有职有权有物。五是较好解决了“效率低”的问题。过去一个窨井盖 18 个部门管，基层办事要在多个部门协调，现在这种状况得到很大改变。

（二）深圳：京基 100“三位一体”打造楼宇党建有机体

京基 100 大厦主楼 100 层、高 441.8 米，曾经是深圳第一高楼，目前是深圳第二高楼、中国内地第九高楼，也是中国民营地产企业投资打造的最高建筑。京基 100 集超 5A 甲级写字楼和国际时尚精品购物中心等于一体，总建筑面积 60 万平方米，入驻企业 200 多家，其中世界500强企业12家，楼内从业人员共2万多人，是深圳较时尚的商务商业综合体之一。2012年开业伊始，京基100大厦就成立联合党委，创新性探索楼宇党建有效方式。截至目前，京基100大厦初步形成了党建生态圈、经济生态圈、治理生态圈“三位一体”的现代楼宇党建生态系统，呈现出高质量党建推动楼宇经济高质量发展的良好态势，探索出新兴领域党建从“有形覆盖”到“有效覆盖”深化拓展的先行示范经验。

创新系统性组织方式，以物业管理公司为平台将党建融入“最商务空间”。京基100大厦内构建起完善的基层党组织体系，让党建融入了“最商务空间”。依托物业管理公司成立联合党委。2012年京基100大厦开业伊始，就利用楼宇物管稳定性强、利益关联广的特点，依托物业管理公司成立了京基100联合党委。根据入驻企业情况发展党支部。在各公司入驻登记时要摸清其党组织设置和党员分布情况，及时将公司党支部纳入楼宇党建体系，并根据各公司党员数量变化情况及时设立党支部。聚焦党的作用发挥设立党小组。引导下辖党支部根据党员分布、业务需要等情况合理划分党小组，并以党小组为重要单元开展活动、发挥作用。

打造集群性实体支撑，以党群服务中心为载体为党建提供“最物化依托”。京基100联合党委通过将党群服务中心建设在商务楼宇的三维空间内形成了党建工作的集群性支撑。打造标准化党群服务中心。2018年，京基100联合党委又在京基100大厦的44层开辟220多平方米的场地建设党群服务中心，作为京基100商务楼宇的“云端阵地”。建设特色化党建文化长廊。京基100联合党委利用京基百纳商业空间二楼通往党群服务中心的四层走廊打造党建文化长廊，全面展现罗湖特区建设40年的光辉历程和京基100楼宇党建的探索实践。串联集群性党建活动阵地。将楼宇内入驻单位的会议室、活动室、漂流书屋等作为党员教育、开展活动的辅助阵地，形成“2+N”党群服务阵地体系。

开设信息化空中课堂，把党的政治建设放

在首位，将党建内化于“新社会阶层”。京基100联合党委打造“空中课堂”平台。通过举办各类党员学习教育活动增加广大党员对习近平新时代中国特色社会主义思想的认识深度。创新“空中课堂”形式。推出形式新颖的“空中微课堂”，以现代信息化手段保证理论学习不中断的同时还提升了思想理论教育的广度和效度。培养“空中课堂”讲师。引导党支部委员、党小组组长轮流讲党课，从中挖掘储备一批“空中课堂”的内部讲师。

拓展弥散性联系方式，以线上线下活动为媒介促党建服务“最青年群体”。基于新兴领域人员特别是青年群体移动办公、聚少离多、思想活跃、独立性强的特点，研究青年群体，深入研究青年群体的需求，提高党的服务的针对性和实效性。尊重青年群体。充分考虑了青年群体的需求，更多地运用互利思维和柔性方式，最终把广大党员群众团结凝聚到党的周围。服务青年群体。聚焦青年白领群体，组织京基100单身白领派对、京基100葡萄酒品鉴会等活动。

萃取功能性融入机制，以两个作用发挥为动力使党建成为“最核心动力”。以党组织组织力和党员先锋模范作用在“两新”领域高质量发展中发挥作用。发挥党组织战斗堡垒作用。秉持“站在高处、不争高低；站在中心、不扰中心；站在旁边、不是旁观”的职责定位，切实做到党建和企业发展同频共振、同向发力。发挥党员模范带头作用。通过争创“共产党员先锋岗”等举措切实发挥党员在生产经营中的模范带头作用，提升联合党委及其下辖党支部的战斗力。

党建生态系统已经深深根植在了京基 100 大厦，在加强党组织自身建设的同时，提升了楼宇党建的凝聚力、战斗力、向心力，并推动党建在整个京基 100 大厦党建、经济、治理“三位一体”的生态系统建设中发挥领导核心作用。京基 100 大厦在新兴领域党建生态系统建设方面走出了一条新路。

（三）深圳罗湖："强区放权"改革激发干事创业内动力

"放管服"改革是一个系统的整体，既要进一步做好简政放权的"减法"，打造权力瘦身的"紧身衣"，又要善于做加强监管的"加法"和优化服务的"乘法"，啃政府职能转变的"硬骨头"，真正做到审批更简、监管更强、服务更优。作为"放管服"改革在基层的生动实践，深圳"强区放权"改革发端于罗湖，罗湖"强区放权"改革开始于城市更新。

激发干事积极性是强区放权改革的根本价值。罗湖作为老城区，最早遇到"四个难以为继"的困境，近年来的发展受到诸多制约。2015 年 8 月，市委、市政府对症下药，在罗湖推行城市更新改革试点，将涉及罗湖区城市更新项目的行政审批、行政确认、行政服务、行政处罚、行政检查等职权下放给罗湖区，暂不能下放的也以"绿色通道"形式特事特办，极大地赋予了罗湖区城市更新项目的自主权，改革取得了明显成效。这是强区放权的价值所在，给各区实现自我发展、自我超越的舞台和激发工作热情，同时也是评判强区放权的一项标准。

围绕事项合理配权是执行强区放权的有效方法。强区放权不是为了“占有权力”向市里申请“放权”，而是为了“把事做好”才申请“放权”，这样才能放得准、接得住。城市更新改革试点正式批复前，罗湖已着手全面、系统梳理城市更新项目从最开始到结束所涉及的所有流程、环节等，形成城市更新项目全流程图。改革试点正式批复后，罗湖区一个月内迅速承接了原本分散在 7 个市直部门的 22 项城市更新审批权，并且在后续工作中查漏补缺，积极协调市直部门进一步下放市政道路开设路口、交通影响评价等与城市更新密切关联的事权。因此，强区放权不能“碎片化”下放，也不能为了下放而下放，更不可能一次改革就“一劳永逸”。

加强统筹指挥调度是落实事权承接的有力保障。根据职责分工，各项事权分布在不同部门，各部门严格遵循本系统业务规则和程序办事，从该部门来看是合情合理的。但从整体看来，由于事权分散、环节众多、流程较长，往往造成相互掣肘、文来文往、效率不高，形成“合成谬误”。要取得成效，关键在于有效统筹。罗湖建立书记、区长“双组长制”的城市更新领导小组会议机制，每周召集规土、住建、环水、消防、电力、交通、教育、经促、各街道等单位召开小组会议，统筹全区资源协调解决城市更新中的具体问题，尽量避免出现“合成谬误”。因此，如果仅仅把权力从市直部门转移到区级部门，而不加以统筹协调，则权力依然分散零落，“合成谬误”恐怕还会出现，政府效率依旧止步不前。

机构编制高效配置是做好事权承接的核心支撑。强区放权实施后，区级工作部门承接了大量事权。初步统计，133 项已下放事权中，完全新增事权占 61.7%，范围扩大事权占 38.3%。新增事权需要有机构和人员承接，这是落实“接得住”“管得好”的刚性需求。罗湖实行

“机动编制、机动使用”制度，建立编制蓄水池，统筹全区空闲编制，充实强区放权涉及部门的工作力量。例如，城市更新改革承接后，罗湖重塑区城市更新局，按照城市更新项目流程设置内设机构，增加编制和调配部门领导职数。这让我们感觉到，要做好强区放权任务，机构编制的动态调整是非常有必要的。

提升行政效能是检验事权承接效果的重要标准。罗湖实施城市更新改革后，将四层级审批精简为两层级审批，25 个审批环节压缩为 12 个，使得城市更新审批期限由原来的 30—39 个月缩短至现在的 12 个月内，同时推进“城市更新、产业升级、招商引资、安全生产”四个同步，从而节约了时间成本，大大提高了城市更新项目的实施效率和最终效果。棚户区改造方面，利用寒假分流安置“二线插花地”8 所幼儿园、2 所小学 3000 多名学生，新学期开学没有 1 名学生因棚改工作而没上成学。此外，区首创“民事协商签约+行政征收+行政处罚”棚改模式，破解以“栋”为概念的房屋征收标准，代之以“户”为单位，疑难问题逐渐明朗，行政成本迅速降低。

“强区放权”改革激发了基层干事创业的动力，为罗湖“旧改”“棚改”提供了制度支持，为罗湖老城区迸发出新活力提供了动力支撑。更为重要的是，“强区放权”改革经验迅速走向全市、全省、全国，为广东“强市放权”改革乃至全国范围内的“放管服”改革提供了典型案例和先行经验。

（四）佛山南海：“大沥铁军”提高干部现代化建设能力

欲筑室者，先治其基。建设一支政治过硬、适应新时代要求、具备现代化建设能力的干部队伍，是党和国家事业长远发展的基石。为加强干部队伍建设，为实现高质量发展夯实组织基础，近年来，大沥镇积极探索创新干部队伍建设模式，聚焦“选育管”全链条管理，全力锻造一支忠诚担当、坚强有力、敢做善为的“大沥铁军”队伍，奋力开创“中心大沥”高质量发展新局面。

细化选苗育种做大“储备库”。大沥镇在干部选任环节突出“精准辨识”，分层分级分类“入库”储备，实现“递进式”培养。一是充实“铁军骨干库”，针对机关中层干部和社区党组织书记，以全方位能力提升为重点，以培育顾大局、办大事的干部为目标，聚焦城市更新、产业升级、基层治理等专题，不定期组织务虚“碰撞”、外出“取经”，推动业务“专才”转化为具备全局战略目光的发展“全才”。二是提升“铁军青锐库”，针对机关年轻干部和社区后备干部，实施“淬炼提升计划”，通过组织“荐”、常态“访”、平时“考”、定期“研”、一线“练”、实绩“比”六大途径，激发干事锐气。三是活化“铁军交流库”，筛选能力突出可综合培养、同一岗位任职时间较长、表现落后需调动积极性等三类干部，打通机关、社区纵向交流渠道，大幅度推动上挂下派、交流轮岗，通过有益流动激发干事活力。

聚焦一线淬炼打造“练兵场”。大沥镇坚持

"实绩论英雄"，深入实施"一线工作法"，在基层一线、项目前线锻炼干部、考察干部。一是党旗飘扬在一线，把党建引领贯穿重点项目攻坚克难全过程，以项目为单位统筹职能部门、社区成立联合大党委，由镇领导挂任第一书记，调动人力物力跨层级跨部门进行攻坚，并搭建联席会议机制，充分促进干部交流碰撞，不断提升攻坚克难能力。二是干部锤炼在一线，探索"扛旗夺标"机制，打破部门和层级限制，聚焦中心工作、群众关切、急难任务设定项目，选取有担当、善作为的优秀中层作为项目导师、组长，跨部门、跨层级、跨体制灵活组建项目组，鼓励广大干部主动认领、揭榜挂帅，让干部在一线历练中增强应挑战、抗击打能力。三是问题破解在一线，将辖区基础网格升级打造"党建小红格"，镇党政班子、机关中层干部、年轻骨干全部"入格领岗"，参与基层矛盾纠纷稳控与化解，实行"红格发令、部门执行"，搭建"诉求收集—多元议事—问题化解—回访反馈"闭环链条，不断提升干部基层治理和群众工作能力。

坚持实绩考核用好“指挥棒”。大沥镇坚持实事求是原则，不断提升考核精准性、科学性，强化考核结果运用，激励基层干部担当作为。在机关层面，大沥镇推行“三全”考核机制，着眼全时、全员、全面，把公务员、事业编制人员及雇员纳入“比武场”，围绕德、能、勤、绩、廉五大维度，通过定性考核和定量考核、平时考核和年度考核相结合，将考核结果作为评先评优、职务职级晋升、主任级雇员选聘等的重要依据。而在社区层面，则建立战斗力指数考评体系，采取“平急结合”动态考评形式，精简年度考评常规指标，设立季度动态指标，侧重考评“在急难险重任务中攻坚克难、在改革创新中示范引领”工作情况，切实把攻坚重心引导到中心工作和急难险重任务上。在此基础上，大沥镇坚持实绩导向的选人用人思路，通过部门物色、支部推荐、组织考察、镇委审议“四步走”，综合考虑平时、年度考核结果和一线攻坚表现，提拔担当作为、成绩显著的干部，确保“能上者有位”。同时，对不胜任本岗位工作的干部坚决调整，对在新岗位上作出突出成绩的干部，给予重新提拔重用的机会，推动“能下者有为”。

“大沥铁军”提升了基层党员干部现代化建设能力。首先，基层治理有成效。大沥镇通过“党建小红格”机制，纵向下沉干部，横向广链资源，共 309 名机关企事业单位中层干部、业务骨干、年轻公务员下沉小红格担任格长和指导员，仅半年便化解了超 40 个基层治理难题，盐步旧城区“用电难”、嘉州花园人行道破损等一批群众急难愁盼问题得到化解，基层治理能力和服务水平实现“双提升”。其次，攻坚克难有力度。通过扛旗夺标和联合党委机制，过千名党员干部下沉一线，啃下全域土整、专业市场整治等“硬骨头”，创下河西沿江片区改造项目“7 天九成、8 天清零、10 天开拆”战绩，在广湛高铁征拆项目中以 99.4%的同意率完成 560 亩、800 多栋建筑的征地表决。大沥铁军（集体）入选“南海影响力 2021 年度十大人物”。最后，干事创业有激情。通过“能上庸下”双向激励效应，全面提振干部精气神，2022 年至今共提拔重用公务员、主任级雇员、社区干部超 250 名，调整不胜任现职的干部 20 名，机关及双管单位人员轮岗超 100 名，涌现出一批表现优秀、成绩突出的干部。

三、以改革精神加强党的建设

广东之所以能够战胜各种风险和挑战，取得举世瞩目的发展成就，最根本的在于坚持党的领导。实践告诉我们，什么时候重视党的领导、加强党的建设，什么时候就能战胜困难、夺取胜利；什么时候轻视党的领导、漠视党的建设，什么时候就会经历曲折、遭受挫折。新时代新征程，广东在接续推进两轮基层党建三年行动计划的基础上，立足党的二十届三中全会精神，紧扣省委“1310”具体部署，制定出台了《广东省基层党组织建设强基工程行动计划（2024—2026）》。下一步，要在党中央统一部署下，立足广东实际，深入贯彻新时代党的建设总要求，以改革创新精神在加强党的全面领导和党的建设方面率先示范，扩大基层党的组织覆盖和工作覆盖。在此基础上，增强基层党组织政治功能和组织功能，把全省各级党组织锻造成有效实现党的领导的坚强战斗堡垒，不断夯实广东现代化建设的基层组织基础，更好团结带领广大干部群众把改革蓝图变为美好现实。

（一）深入实施“铸魂”工程

新时代新征程上把中国特色社会主义事业推向前进，最紧要的是深刻领悟“两个确立”的决定性意义，增强“四个意识”、坚定“四个自信”、做到“两个维护”，自觉在思想上政治上行动上同以习近平同志为核心的党中央保持高度一致。要严格落实省委关于坚决维护以习近平同志为核心的党中央权威和集中统一领导的规定。严格党内政治生活各项制度，严明政治纪律和政治规矩。深入实施“一把手”政治能力提升计划，完善各领域加强党的全面领导制度机制，进一步强化党组织对基层各类组织和各项工作的领导。巩固拓展学习贯彻习近平新时代中国特色社会主义思想主题教育成果，持续开展“牢记嘱托学思想、感恩奋进铸忠诚”活动。实施党的创新理论学习教育计划，落实第一议题、领导班子读书班等制度，完善领导带头讲、专家辅导讲、支部书记讲、基层党员讲“四讲”机制，扎实推进青年理论学习提升工程。深化“百万党员进党校”工作，抓好省级示范培训、市级重点培训、县级普遍培训、基层兜底培训。常态化举办“南粤党员大讲堂”，以群众耳熟能详的语言、喜闻乐见的形式、普遍认可的道理、有目共睹的事实让习近平新时代中国特色社会主义思想在南粤大地飞入寻常百姓家。

一是深入学习党的最新创新理论。党的理论创新每前进一步，理论武装就要跟进一步。要巩固拓展主题教育成果，突出学习贯彻习近平新时代中国特色社会主义思想主题主线，突出学习开展大规模、体系化、全覆盖教育培训，引导广大党员、干部深学细悟蕴含其中的世界观、方法论，特别是“六个必须坚持”的精髓要义，从而深入领会党的创新理论的道理学理哲理，做到知其言更知其义、知其然更知其所以然。特别要提到的是，要重点学习习近平总书记对广东工作的重要指示精神，深刻领悟习近平总书记对广东工作的深切期望和深远擘画，以习近平总书记的谆谆指引奋力建设现代化新广东。

二是全面运用党的最新创新理论。学习党的创新理论，既是为了改造主观世界，也是为了改造客观世界。习近平总书记在学习贯彻习近平新时代中国特色社会主义思想主题教育工作会议上明确提出“学思想、强党性、重实践、建新功”的总要求。[①] 强党性就是要自觉用习近平新时代中国特色社会主义思想改造主

① 习近平：《在学习贯彻习近平新时代中国特色社会主义思想主题教育工作会议上的讲话》，《求是》2023 年第 9 期。

观世界，深刻领会这一思想关于坚定理想信念、提升思想境界、加强党性锻炼等一系列要求，始终保持共产党人的政治本色。重实践就是要自觉践行习近平新时代中国特色社会主义思想，用以改造客观世界、推动事业发展，用以观察时代、把握时代、引领时代，解决经济社会发展和党的建设中存在的各种矛盾问题，防范化解重大风险，推动中国式现代化取得新进展新突破。广东经济社会发展走在全国最前列，最先遇到各种矛盾和问题，也最需要坚持好、运用好习近平新时代中国特色社会主义思想。

三是丰富发展党的最新创新理论。实践没有止境，理论创新也没有止境。不断谱写马克思主义中国化时代化新篇章，是当代中国共产党人的庄严历史责任。习近平新时代中国特色社会主义思想也是继续发展着的，我们要在实践创新的基础上推动理论创新，为习近平新时代中国特色社会主义思想的发展作出更大贡献。习近平新时代中国特色社会主义思想是马克思主义基本原理与中国具体实际相结合、与中华优秀传统文化相结合的结果。广东既有最先行的实践，又有最浓厚的传统文化，最能为习近平新时代中国特色社会主义思想的发展作出更大贡献。具体而言，要进一步把党对党的建设规律、共产党执政规律的认识提高到新的高度，进一步丰富马克思主义建党学说，进一步深刻回答建设什么样的长期执政的马克思主义政党、怎样建设长期执政的马克思主义政党这一重大时代课题，为习近平总书记关于党的建设的重要思想和习近平总书记关于党的自我革命的重要思想的继续发展作出更大贡献。

（二）加快实施“赋能”工程

“正确的路线确定之后，干部就是决定的因素”。党的二十届三中全会紧紧围绕推进中国式现代化这个主题，擘画了进一步全面深化改革的蓝图，发出了向改革广度和深度进军的号令。“一分部署、九分落实”，习近平总书记深刻指出，如果不沉下心来抓落实，再好的目标，再好的蓝图，也只是镜中花、水中月。① 以中国式现代化全面推进中华民族伟大复兴，需要一支政治过硬、适应新时代要求、具备领导现代化建设能力的干部队伍。要坚持党管干部原则，把政治标准作为“硬杠杠”，树立选人用人正确导向，锻造敢为善为干部队伍。要加强干部教育培训，实施干部现代化建设能力提升计划，促进增强“八项本领”，提升“七种能力”。要完善党管人才工作格局，加强政治引领和政治吸纳，集聚爱国奉献的各方面优秀人才。

深化干部人事制度改革。习近平总书记2016年1月首次提出“三个区分开来”，强调“要把干部在推进改革中因缺乏经验、先行先试出现的失误和错误，同明知故犯的违纪违法行为区分开来；把上级尚无明确限制的探索性试验中的失误和错误，同上级明令禁止后依然我行我素的违纪违法行为区分开来；把为推动发

① 《习近平关于力戒形式主义官僚主义重要论述选编》，中央文献出版社2020年版，第100页。

展的无意过失，同为谋取私利的违纪违法行为区分开来”[1]。因此，要正确看待干部在履职中的失误和错误，把从严管理监督和鼓励担当作为高度统一起来，旗帜鲜明为担当者担当、为负责者负责、为干事者撑腰、为创新者鼓劲。完善和落实领导干部任期制，保持党政领导班子成员任职稳定，健全领导班子主要负责人变动交接制度，防止频繁调动滋长浮躁情绪、诱发短期行为，防止“击鼓传花”“新官不理旧账”。推动市管干部跨市交流，特别是建立广深两地市管干部向粤港澳大湾区其他地市交流、粤港澳大湾区市管干部向粤东西北交流的有效机制。

树立和践行正确政绩观。政绩观是对政绩的根本观点和总的看法，是世界观、人生观、价值观在从政行为中的具体体现。正确政绩观深深根植于党的初心使命、性质宗旨，生动体现在党的一切奋斗、全部实践之中。新征程上，

---

① 《习近平在省部级主要领导干部学习贯彻党的十八届五中全会精神专题研讨班上的讲话》，《人民日报》2016 年 5 月 10 日。

面对全面建成社会主义现代化强国、以中国式现代化全面推进中华民族伟大复兴的崇高使命，必须树立和践行正确政绩观，以功成不必在我的精神境界、功成必定有我的历史担当，把既定的行动纲领、战略目标、工作蓝图变为现实，创造经得起实践、人民、历史检验的实绩。首先，要加强正确政绩观教育。深入学习领会习近平总书记关于树立和践行正确政绩观的重要论述，突出抓好领导班子正确政绩观教育，引导其深入认识“政绩为谁而树、树什么样的政绩、靠什么树政绩”的问题。其次，要强化重实干、重实绩的用人导向，大力选拔牢固树立正确政绩观、真抓实干、实绩突出的优秀干部，坚决不用那些政绩观不正的干部，推进干部能上能下。再次，要改进推动高质量发展的政绩考核。精准设置关键性、引领性指标，完善分级分类考核，提高考核科学性、精准度。将考核结果与选拔任用、培养教育、激励约束等结合起来，鼓励先进，鞭策落后。最后，要发挥管理监督的刚性约束作用。巩固“半拉子工程”“形象工程”和统计造假等问题专项整治成果，把政绩观问题纳入纪检监察监督、巡视巡察监督和审计监督，及时发现和纠治政绩观偏差突出问题，对查明属实、造成严重后果的干部严肃追责问责。

提高干部现代化建设能力。落实《决定》部署要求，要统筹谋划、综合施策，抓好各级干部的教育培训，不断拓宽训练和锻炼的途径。要健全基本培训机制。进一步创新方式方法，把理论学习和现场教学、案例解析、经验交流等结合起来，把线上线下、直播录播结合起来，实现教育培训质的有效提升和量的合理增长。要有的放矢强化专业训练。专业的人才能干好专业的事。要引导干部主动加快知识更新、优化知识结构，把专业知识和专业能力、专业精神融为一体，做到知行合一。同时持续开展任职培训和专业培训，以干部履职必备的基本知识、基本能力为基础，坚持干什么就学什么、缺什么就补什么，注重加强新知识新技能学习培训，帮助干部不断提升专业化水平。要坚持理论联系实际，聚焦经济建设这一中心工作和高质量发展这一首要任务，促使干部加强斗争精神和斗争本领的养成，增强防风险、迎挑战、抗打压能力。尤其要重视基层和艰苦地区锻炼，坚持运用“四下基层”工作方法和制度，帮助干部练就担当作为的硬脊梁、铁肩膀、真本事，成为可堪大用、能担重任的栋梁之材。

（三）持续实施“造形”工程

广东在中国式现代化进程中走在全国前列，在深度市场化、快速城市化、高度国际化、全面信息化中，社会又日益自主化、多样化了。适应社会群体结构和社会组织架构的变化，要在传统依托建制单位设置党组织的基础上，创新基层党组织设置和活动方式，综合运用社会学等专业学科理念和原理，采用植入性嵌入、整合性融合、弥散性联系等方法，消除党建空白点和盲区。特别是要立足粤港澳大湾区和横琴、前海、南沙、河套等重大合作平台，创新国际化环境中城市基层党建工作，探索未来视域下的基层党建模式。

健全上下贯通、执行有力的组织体系。党的力量来自组织，党的全面领导、党的全部工作要靠党的坚强组织体系去实现。党的中央组织、地方组织、基层组织都坚强有力、充分发挥作用，党的组织体系的优势和威力才能充分体现出来。列宁同志曾说过，“无产阶级所以能够成为而且必然会成为不可战胜的力量，就是因为它根据马克思主义原则形成的思想一致是用组织的物质统一来巩固的”。我们党是按照马克思主义建党原则建立起来的，形成了包括党的中央组织、地方组织、基层组织在内的严密组织体系。这是世界上任何其他政党都不具有的强大优势。党中央是大脑和中枢，党中央必须有定于一尊、一锤定音的权威，这样才能“如身使臂，如臂使指，叱咤变化，无有留难，则天下之势一矣”[①]。但现代化进程中，变革与

---

① 习近平：《在全国组织工作会议上的讲话》，《党建研究》2018 年第 9 期。

发展也同时带来了挑战。一方面，新经济组织、新社会组织、新就业群体大量涌现，许多组织的存在并没有以党的组织建立为前提，党的基层组织与社会各类组织之间出现了“位移”，出现了组织覆盖空白，社会形态越来越多地呈现扁平化特征和横向依赖的特点，与党的“树状”组织架构有较大差别，党的基层组织在新兴领域中并不是天然存在和处于核心地位。另一方面，单位性组织的性质也发生了变化，单位不再包办一切，功能日趋专业化和单一化，人们对单位的依赖性大大降低，同时社会流动性增强，人们的政治生活和社会生活逐渐从单位性组织中脱离出来，逐渐与党的基层组织产生距离，党组织的作用出现弱化趋势。此外，互联网技术广泛运用、利益关系深刻调整、思想文化交流交融交锋日益频繁、外部势力渗透加剧等，都给党的建设的传统优势带来了挑战。如果不能很快地、很好地适应新的形势，不能创新组织设置，推进组织覆盖，提升组织力，党的基层基础就会持续松动，组织资源就会持续流失。因此，新时代的党建工作，还是要把党的组织和工作无空白、无遗漏地推进到各类组织、各类人群中去，同时把单位、行业和各领域党组织联接整合起来，使之成为一个有机整体、形成严密的组织体系。

探索“两企三新”党的建设有效路径。近年来，新兴领域蓬勃发展，商务楼宇、各类园区、商圈市场、互联网业是城市发展的引擎，是城市的有生力量。他们与传统的居民区不同，是城市基层党建的另一端，也是城市基层党建的薄弱点、生长点、创新点。一座商务楼宇就是一个竖起来的园区，一个园区就是一个“小气候”，一个商圈市场就是一个小社会，互联网业对社会的影响日益广泛。“小社会”连着“大社会”，“小气候”影响“大气候”。新兴领域不仅是基层党组织的覆盖对象，更是参与治理、服务群众的重要力量，要把党的工作做进去、把资源要素带出来。新兴领域单位和人群多处于体制外，他们既不同于其他驻区单位，也不同于居民社区，要根据其自身特点，探索创新党建工作方式。适应社会群体结构和社会组织架构的变化，必须深入研究新时期各类群体的重新组织化问题。研究各类组织和各种人群“横向关联”的依赖性特点，在传统依托建制单位设置党组织的基础上，创新基层党组织设置和活动方式，综合运用社会学等专业学科理念和原理，采用植入性嵌入、整合性融合、弥散性联系等方法，消除党建空白点和盲区。探索依托各类园区、商务楼宇、商圈市场、特殊功能区设立区域性党组织，依托行业协会、商会、产业链设立行业性党组织，依托街道乡镇、社区村对小微企业和社会组织实行区域兜底管理。探索建立业缘、趣缘、志缘等功能性党组织。探索通过党建综合体、党建共同体、党建联合体和党建联盟等载体，把街道乡镇、社区村和单位、行业、领域党组织有机联结起来，形成互联互通、协同动作、治理有效的党的社会网络体系，扩大党对基层社会的覆盖面。此外，“两企三新”党建工作需要更多的互利思维和柔性方式，要注重寻求双方的利益、情感、价值结合点，更多地通过服务赢得认可、在认可中赢得认同，最终把他们团结凝聚到党的周围。

完善党员教育管理、作用发挥机制。针对目前一些基层党组织对党员疏于教育管理、对群众缺乏凝聚力号召力、对社会缺乏渗透力影响力等问题，深入研究增强组织功能的有效措施。着眼提升对党员的组织功能，坚持入口严、管理严、教育严、处置严，激活党员“细胞”，保持党员队伍先进性纯洁性，强化组织内聚力。注重做好组织群众、宣传群众、凝聚群众、服务群众工作，增强对群众的组织功能，扩大社会影响力。着眼于发挥乡镇街道党组织在基层治理中的“龙头”带动作用，选优配强领导班子，抓好思想政治建设，完善乡镇街道党组织议事规则和决策程序，配齐配强基层专职党务工作力量，防止和杜绝形式主义、作风不实问题，形成“头雁效应”。实施基层党支部组织力提升工程，推进规范化标准化建设，坚持抓两头、带中间，扩大先进支部增量，提升中间支部水平，整顿后进支部，分领域选树先进党支部典型，形成支部建设晋位升级整体效应。突出选好配强基层带头人，注重把思想政治素质过硬、治理能力强、群众基础好的优秀党员选拔为社区村党组织书记，完善县级备案管理办法，精准选配和管好用好社区村第一书记，建立后备干部人才库。

第二章　筑底线：以严的标准纵深推进全面从严治党

进入新时代以来，以习近平同志为核心的党中央把全面从严治党纳入“四个全面”战略布局，以“得罪千百人、不负十四亿”的使命担当开展史无前例的反腐败斗争，一体推进不敢腐、不能腐、不想腐，消除了党、国家、军队内部存在的严重隐患，推动反腐败斗争取得压倒性胜利并全面巩固，为顺利实现第一个百年奋斗目标、向第二个百年奋斗目标进军提供了坚强保障。党的二十大报告在总结反腐败斗争历史性成就的基础上，深刻指出“铲除腐败滋生土壤任务依然艰巨”，强调“只要存在腐败问题产生的土壤和条件，反腐败斗争就一刻不能停，必须永远吹冲锋号”。[1] 在二十届中央纪委三次全会上，习近平总书记进一步指出：“新征程反腐败斗争，必须在铲除腐败问题产生的土壤和条件上持续发力、纵深推进。”[2] 党的二十届三中全会的《决定》中再次强调：“完善一体化推进不敢腐、不能腐、不想腐工作机制，着力铲除腐败滋生的土壤和条件。”这是党从所处的历史方位、肩负的历史使命出发作出的战略部署，具有重大现实意义和根本指导作用。

一、扛起全面从严治党的主体责任

习近平总书记在党的二十大报告中强调，全面建设社会主义现代化国家、全面推进中华民族伟大复兴，关键在党。但习近平总书记同时指出，我们党作为世界上最大的马克思主义

① 《高举中国特色社会主义伟大旗帜　为全面建设社会主义现代化国家而团结奋斗》，《人民日报》2022 年 10 月 26 日。

② 《深入推进党的自我革命　坚决打赢反腐败斗争攻坚战持久战》，《人民日报》2024 年 1 月 9 日。

执政党，要始终赢得人民拥护、巩固长期执政地位，必须时刻保持解决大党独有难题的清醒和坚定。[①] 到二十届中央纪委二次全会，习近平总书记进一步点出了大党六个方面的难题，也就是六个“如何始终”，其中就包括“如何始终保持风清气正的政治生态”。[②] 经过新时代十年坚持不懈的强力反腐，反腐败斗争取得压倒性胜利并全面巩固，但形势依然严峻复杂。只要存在腐败问题产生的土壤和条件，腐败现象就不会根除，我们的反腐败斗争也就不可能停歇。

（一）健全反腐败斗争的责任体系

党的十八大以来，中国共产党不断深化对自我革命规律的认识，不断推进党的建设理论创新、实践创新、制度创新，提出一系列创新理念，实施一系列变革实践，健全一系列制度

---

① 《高举中国特色社会主义伟大旗帜　为全面建设社会主义现代化国家而团结奋斗》，《人民日报》2022 年 10 月 26 日。

② 《一刻不停推进全面从严治党　保障党的二十大决策部署落实》，《人民日报》2023 年 1 月 10 日。

规范，推动党的建设这项伟大工程不断深化发展，初步构建起全面从严治党体系。全面从严治党体系应是一个内涵丰富、功能完备、科学规范、运行高效的动态系统。健全这个体系，需要坚持制度治党、依规治党，更加突出党的各方面建设有机衔接、联动集成、协同协调，更加突出体制机制的健全完善和法规制度的科学有效，更加突出运用治理的理念、系统的观念、辩证的思维管党治党建设党。要坚持内容上全涵盖、对象上全覆盖、责任上全链条、制度上全贯通，进一步健全全面从严治党体系，使全面从严治党各项工作更好体现时代性、把握规律性、富于创造性。

特别是要健全党中央集中统一领导、各级党委统筹指挥、纪委监委组织协调、职能部门高效协同、人民群众参与支持的反腐败工作体制机制，压实各级党委（党组）全面从严治党主体责任特别是“一把手”第一责任人责任，贯通落实相关职能部门监管责任，完善各负其责、统一协调的管党治党责任格局。把铲除腐败滋生的土壤和条件有机融入党的建设总体格局，纳入健全全面从严治党体系部署推进，同党的政治建设、思想建设、组织建设、作风建设、纪律建设和制度建设贯通协同起来，充分发挥政治监督、思想教育、组织管理、作风整治、纪律执行、制度完善在防治腐败中的重要作用，打好反腐败斗争总体战。

（二）锲而不舍推进党风廉政建设

重视党风廉政建设是我们党的优良传统。改革开放以来，我们党始终把抓党风廉政建设作为一项重大政治任务。党的十八大以来，以习近平同志为核心的党中央作出全面从严治党的战略部署，把党风廉政建设提到前所未有的高度。习近平总书记指出："党的作风就是党的形象，关系人心向背，关系党的生死存亡。"①当前，世情、国情、党情正在发生深刻变化，

① 《坚持从严治党落实管党治党责任　把作风建设要求融入党的制度建设》，《人民日报》2014 年 7 月 1 日。

我们党面临“四大考验”“四种危险”，党风廉政建设和反腐败斗争形势依然严峻复杂。深入学习贯彻习近平同志关于党风廉政建设的重要论述，作为纪检监察干部就要切实增强责任意识，忠诚履行党章赋予的职责，敢于监督、严格执纪、从严问责，始终把党风廉政建设牢牢抓在手上，努力实现党风根本好转。

坚持领导带头、以上率下，层层立标杆、作示范，是加强党风廉政建设的重要经验。习近平总书记强调：“党风廉政建设，要从领导干部做起，领导干部首先要从中央领导做起。”① 当前，有的领导干部自身不正、毛病缠身，与忠诚、干净、担当的标准还有很大差距，影响了党风廉政建设的实际成效。深入学习贯彻习近平同志关于党风廉政建设的重要论述，作为肩负维护党纪职责的纪检监察干部，既要带头遵守党纪国法，真正做到“打铁还需自身

① 《以习近平同志为总书记的党中央带头加强作风建设述评》，《人民日报》2016 年 1 月 11 日。

硬”；又要坚持原则、严格履职，强化监督执纪问责，对各种不正之风敢抓敢管，积极构建纠正不正之风的长效机制，彻底铲除不正之风滋生蔓延的土壤。

（三）铲除腐败滋生的土壤和条件

面对依然严峻复杂的形势，反腐败绝对不能回头、不能松懈、不能慈悲，要健全政治监督具体化、精准化、常态化机制，严明政治纪律和政治规矩，及时发现、及时解决“七个有之”问题，对党内搞政治团伙、小圈子、利益集团的人绝不手软，坚决消除政治隐患。紧盯重点问题、重点领域、重点对象，把严惩政商勾结的腐败作为攻坚战重中之重，深化整治金融、国企、能源、烟草、医药、基建工程和招投标等权力集中、资金密集、资源富集领域的腐败。丰富防治新型腐败和隐性腐败的有效办法，建立腐败预警惩治联动机制，强化快速反应、联合处置。统筹国内国际两个战场，健全追逃防逃追赃机制，持续开展“天网行动”，加强“一带一路”廉洁建设，集中整治跨境腐败问题，绝不让腐败分子逍遥法外。推动反腐败斗争向基层延伸、向群众身边延伸，惩治群众身边的“蝇贪蚁腐”，让群众有更多获得感。

古人说：“距谏者塞，专己者孤。”如果把监督当成挑刺儿，或者当成摆设，就听不到真话、看不到真相，有了失误、犯了错误也浑然不知，那是十分危险的。腐败的本质是权力滥用。要完善权力配置和运行制约机制，坚决反对特权思想和特权现象，抓住定政策、作决策、审批监管等关键权力，聚焦重点领域深化体制机制改革，加快新兴领域治理机制建设，进一步堵塞制度漏洞，规范自由裁量权，减少设租寻租机会。落实党统一领导、全面覆盖、权威高效的总要求，完善党和国家监督体系，以党内监督为主导、专责监督为主干、基层监督为支撑，促进各类监督贯通协调。持续深化纪检监察体制改革，优化监督检查和审查调查机构职能，完善垂直管理单位纪检监察体制，推进向中管企业全面派驻纪检监察组，健全巡视巡察工作体制机制，推进执纪执法和刑事司法有机衔接，深化基层监督体制机制改革。推进公权力大数据监督平台建设，运用信息化手段及时发现共性问题，加强预警纠治，以公开透明防治权力滥用。紧盯“关键少数”，健全加强对“一把手”和领导班子监督配套制度，增强监督针对性有效性。

（四）加强新时代的廉洁文化建设

古人说：“将教天下，必定其家，必正其身。”“莫用三爷，废职亡家。”“心术不可得罪于天地，言行要留好样与儿孙。”一个人能否廉洁自律，最大的诱惑是自己，最难战胜的敌人也是自己。一个人战胜不了自己，制度设计得再缜密，也会“法令滋彰，盗贼多有”。古人讲：“君子为政之道，以修身为本。”中国传统文化历来把自律看作做人、做事、做官的基础和根本。《论语》中就说，要“修己以敬”“修己以安人”“修己以安百姓”。古人所推崇的修身齐家、治国平天下，修身是第一位的。共产党人更应该强化自我修炼、自我约束、自我塑造，在廉洁自律上作出表率。廉洁修身、廉洁齐家，在管好自己的同时，严格要求配偶、子女和身边工作人员。在培育良好家风方面，老一辈革命家为我们作出了榜样。每一位领导干部都要把家风建设摆在重要位置。

铲除不正之风和腐败滋生的土壤和条件，根本是要让广大党员干部在内心深处自觉抵挡住腐败诱惑。要健全理想信念教育和党性教育长效机制，引导党员干部用党的创新理论武装头脑，用理想信念强基固本，不断提升党性修养和思想境界，筑牢拒腐防变的思想根基。深入挖掘中华优秀传统廉洁文化丰富内涵，用中华优秀传统文化正心明德。积极宣传廉洁理念、廉洁典型，注重家庭家教家风建设。创新警示教育方式，深刻剖析典型案例，健全以案说德、以案说纪、以案说法、以案说责机制。以优良党风政风引领社风民风，推动形成廉荣贪耻的社会氛围，让遵规守纪成为党员干部日用而不觉的自觉遵循。

二、夯实全面从严治党的地方实践

党的十八大以来开展的反腐败斗争，以“得罪千百人、不负十四亿”的使命担当祛疴治乱，不敢腐、不能腐、不想腐一体推进，“打虎”“拍蝇”“猎狐”多管齐下，反腐败斗争取得压倒性胜利并全面巩固，消除了党、国家、军队内部存在的严重隐患，确保党和人民赋予的权力始终用来为人民谋幸福。经过不懈努力，党找到了自我革命这一跳出治乱兴衰历史周期率的第二个答案，自我净化、自我完善、自我革新、自我提高能力显著增强，管党治党宽松软状况得到根本扭转，风清气正的党内政治生态不断形成和发展，确保党永远不变质、不变色、不变味。① 特别是在这个过程中，各地积极探索、努力进取，从“运动式反腐”向“制度

---

① 《高举中国特色社会主义伟大旗帜　为全面建设社会主义现代化国家而团结奋斗》，《人民日报》2022 年 10 月 26 日。

性反腐”迈进，形成很多先行示范经验，并推动了全面从严治党体系的发展和完善。

（一）昆山：以信息化途径落实从严管党要求

针对新时期基层党建面临的新情况、新问题、新机遇，昆山市主动把握时代脉搏，从基层党建信息化出发，积极探索信息化条件下推动从严管党要求的落实，近年来陆续做了一些尝试。昆山以“两学一做”学习教育为契机，在原有党建工作平台的基础上整合、建立了一套党建信息化管理系统，包括基层干部信息管理、发展党员纪实、组织关系转接、积分管理、电子考试、手机党校以及组织生活记录等功能模块，形成了集查、建、联、管、用于一体的党员动态管理机制，逐步实现工作规程规范化、制度化，党员教育管理严格化、系统化，考核指导便捷化、精准化。通过党建信息化管理系统建设，开辟了新时期落实从严管党治党责任、发挥党员先锋模范作用、密切联系服务群众的新途径，探索出了一条党建信息化、规范化、科学化的新路子，受到广大基层党组织、党员和群众的支持与好评。昆山市党员信息管理系统覆盖全市各级党组织，各功能模块延伸至全市各机关事业单位、各区镇及村、社区、“两新”组织，打通市级机关、事业单位、区镇、村（社区）、“两新”组织纵向之间和基层党组织横向之间的信息传输通道，建立起部门配合、上下联动的工作机制。各基层单位直接录入党组织、党员情况等基本信息，全市 4300 余个党组织、65000 多名党员完成电子信息登记，纳入信息化管理。

全程纪实力促发展党员工作规范化。把发展党员工作分解为 43 个步骤，按时序要求解锁，逐步推进，同时强化工作信息校验，为各环节上报资料设计模板，实行重要节点“上传图片”验证，推动党员发展严格规范按时序依次推进。全过程设置操作提醒及校验功能，当发展党员各环节工作时限临近，系统自动向管理员发送短信通知。在前一步工作尚未完成的情况下无法进行下一步操作。前期录入的资料确需修改的，经由上级党组织审核后方可进行，进一步提升发展党员工作的真实性、规范性。增设电子考试功能，入党积极分子、发展对象和新党员必须通过党的知识统一机考，才能进入下一发展阶段。

网上审批实现关系转接便捷化。利用电子信息平台，采用“支部录入登记—上级党组织逐级审核”的方式，优化组织关系转接流程，实时掌握党员队伍流动情况。开通党员变动通告功能，有党员转入或转出时，系统自动发送短信提醒支部管理员。市内党员组织关系转接全部网上办理、全程无纸化。外埠党员关系转接实行一站一次性办结，转入或转出时，党员只需将介绍信交给本地党委或向所在支部申请，待中间环节网上审批完成后，由基层党委管理员通知本人直接赴党组织报到或领取介绍信前往外地办理即可。基本实现“数据多往返、党员少走路”的目标，极大的方便了广大党员，提高了工作效率，同时有效加强了对党员队伍流动情况的实时掌握。

积分管理促使日常管理严格化。各基层党支部将党员参与党组织活动，参加“两学一做”学习教育、“三会一课”、交纳党费、志愿服务等情况以图文并茂的方式上传至系统，方便各级党组织及时了解、掌握党员参与组织活动的情况，有针对性地进行提醒和管理，特别是对于长期不参加组织活动、不交纳党费的党员等进行重点警示。按照党员队伍积分考核管理细则，自动核算党员积分排名，作为年度组织生活会和民主评议党员、发现选树典型和督促警示后进的重要参考依据。开发了“政治生日”问候功能。系统自动匹配党员入党时间，在党员入党纪念日当天向党员发送短信问候，提醒各党员强化政治意识，牢记责任使命，切实做到“五个不忘记”（不忘记党员身份、不忘记入党誓词、不忘记服务群众、不忘记强国富民、不忘记模范带头）。

线上学习助推党员教育随身化。开通“鹿城党建+手机党校”在线教育平台，与新华网等主流媒体合作，把“互联网+”与党员教育连接起来，为全市党员提供了权威、全面、系统的学习教材，把党和国家最新的政策、要求传达给每位党员。分期推送150课时的最新权威系统学习教材，内容覆盖党的建设、时事政策、法治教育等各方面，及时更新党的最新全会精神解读、《作风建设永远在路上》等最新学习资源。线上学习系统支持断点续学，自动保存学习进度，帮助党员合理利用“碎片化”时间，随时随地开展自主学习。组织开展网络比学，增加“在线答题”和“学时考核”功能，建立在线讨论和积分排行机制，定期通报支部在职党员上线学习情况。拓展服务功能，开发“鹿城党建”微信公众号，除了推送发布本地权威党建资料外，党员还可查找附近党组织、预约专家授课、在线下载党建书籍、视频学习资料等，方便广大党员随时随地自主学习。

数据分析促进基层干部管理科学化。运用基层干部信息模块，系统监测基层组织运作态势，按季度更新党员基本信息、任职情况、培训情况和履职情况，通过数据分析，全面了解和掌握全市基层干部年龄结构、学历分布、后备梯队培养等情况。从而更好地进行干部队伍的分析、研判和备案管理，做到精确科学，有助于进一步加强村、社区党组织书记和大学生干部的培养、使用，提升基层干部管理水平。

过程监管提升工作督导精准化。通过各个管理模块的有机衔接、融合，对党员队伍管理、基层干部队伍建设、基层组织运作等各个方面实现系统的监测和管理，方便基层支部保存备查与上级党组织及时了解、掌握基层动态，及时发现党建工作中存在的各种问题，使党建考核有据可查、客观公正。通过数据分析、比对，便于发现优秀典型，及时督促后进单位，通过“抓两头、促中间”，带动党建工作整体水平的提高。此外，系统设置了警示提醒功能，在各个工作模块中根据工作开展情况，实时、按阶段给予党务工作者短信提醒、模板示范，有助于党务工作者更好地掌握党务工作知识和要求，确保工作不出偏差，实现规范、及时的要求，提升了工作指导的针对性和实效性。

推进基层党建工作信息化贵在因地制宜、大胆实践、勇于创新。昆山市党建信息化管理系统从最初构思到初步成型再到基本完善，经历了一个“自下而上、多方联动、渐进提高”的过程，投入了大量的人力、物力、精力。通过运行试验、反馈修改，然后面向全市正式运行。运行实践情况证明，党建信息化管理系统较好地实现了用户注册、数据载入、数据查询、统计分析、跟踪管理、权限分配等模块功能，达到了快捷、方便、准确进行信息传递和获取的设计效果，为动态实时掌控、分析基层党建情况和变化趋势提供了一套成本较低、操作简单、数据安全、方便快捷的解决方案，具有很强的实用性，受到了昆山市各级组工干部的欢迎。

（二）乌鲁木齐县：“八措并举”整治形式主义

2024 年以来，新疆深入学习贯彻党的二十届三中全会精神，传达学习贯彻《整治形式主义为基层减负若干规定》和中央层面整治形式主义为基层减负专项工作机制会议精神，向形式主义发起了攻坚战。其中，乌鲁木齐县出台八项措施，大力整治形式主义、官僚主义问题，切实减轻基层负担，激励广大党员干部担当作为。

从严加强文件管理。各部门单位不得随意向基层印发文件，确需印发的，需有上级要求或发文相关依据。部门发文，需经部门主要领导审签后印发。议事协调机构发文，需由分管日常工作的县级领导审签后印发。各类发文通知可采取定向发文的措施，与相关业务无关联的单位，不予发送，不做“广而告之”。文件中安排的工作，要给基层预留落实时间，相关单位不得出现“早上栽树、下午乘凉”的情况。需阶段性从乡镇、村（社区）获取报告数据的年初发文一次性安排到位，不准就一事项重复发文。必须从乡镇、村（社区）取得的重要数据或台账，经县级分管领导同意后，原则上每半年或 1 年更新 1 次。确需经常更新的数据或台账，需有上级文件依据。

严格把控会议质量。将周二、周四、法定节假日定为无会日，除上级要求外，原则上不召开全县性会议，确因工作需要召开会议的，由牵头县级领导报县委审批后召开。各类会议时间原则上控制在 1 小时内，一般不安排表态性发言；确需发言的，每人不超过 5 分钟；可书面发言的，不安排现场发言。同时，会前做好议题审议、征求意见等前期准备工作，会上不做无意义讨论。县属部门组织召开的会议，需由分管县级领导审批同意，报专项机制办公室备案后方可召开。县四套班子主要领导不参加的会议，原则上不得要求乡镇主要领导参会。各类会议只安排与会议内容相关的人员参加，不得擅自扩大参会范围和会议规模，造成不必要的陪会。

优化值班值守制度。值班值守工作需按文件规定或上级有关要求落实，并向专项机制办公室报送依据后执行，坚决杜绝一切无意义值班值守。县级领导带班期间，原则上不得离开县域，可在县域范围内开展其他工作，保持通讯畅通即可。原则上每日乡镇常态值班不少于4人、社区不少于3人、村不少于2人；县属各单位严格按照上级要求做好值班值守工作。在法定节假日参与值班值守的干部，应给予补休、调休。原则上学校、幼儿园教职工不承担日常值班工作。

严禁随意安排加班。依法保障干部享受休息休假等权益，“八小时”工作时间之外一般不安排干部加班；确需加班的，部门单位要保障好加班干部的交通和食宿，事后及时安排补休、调休。

纠治“指尖上的形式主义”。非必要不建微信、钉钉等工作群；确需建立的，由单位主要领导同意后建立，单位主要领导必须入群，在群内做好监督、管理工作，原则上不得在群内发布工作任务。有微信公众号的部门单位，在发布信息前，需落实“三校三审”制度，未经审核或审核不通过的，一律不得发布。除上级安排的网络转发、点赞任务外，县、乡两级不得安排干部转发、点赞有关信息和文章。

严格工作准入制度。严格落实村（社区）组织权责清单和准入机制，凡属职能部门职责范围内的事项，不得以“属地管理”为由，随意将责任转嫁给下级；确需下级协助落实的事项，经县级分管领导签字报县委组织部审定，并在专项机制办公室备案。

规范督查检查考核。除上级要求外，一律不得安排督查、检查、考核，不允许搞评比达标，杜绝刚安排、刚部署工作，就组织督查、检查。不得随意与基层签订责任状，变相向“属地”推卸责任。改进督查考核方法，强化结果导向，注重工作实绩和群众评价，不得以工作照片、视频、工作笔记等作为实际工作评价。

有效改进调查研究。各级领导干部要多采取“四不两直”方式开展调研工作，轻车简从、简化程序、减少陪同，注重随机抽查、务求实效，做到不扎堆、不重复调研。不得以调研之名行督查之实，坚决防止瞎指挥、乱表态、扣“帽子”，干扰基层正常工作。县四套班子主要领导调研时，原则上陪同的县级副职领导不超过3人，无具体任务的单位一律不参与陪同调研，属地乡镇安排一名党政正职陪同。其他县级领导调研原则上只安排涉及部门单位陪同，属地乡镇由分管领导陪同。部门主要领导调研时，由乡镇分管领导或具体负责同志陪同。开展调研工作，必须拿出切实可行的措施，帮助基层解决实际问题，杜绝调而不研。

基层减负不是减责任和担当，更不是“躺平”和不作为，而是让基层卸下不该承担的负担，担起该承担的责任，从繁琐的事务中解脱出来，真正沉下心身，把更多时间和精力放到抓落实上，集中精力为群众解难题办实事。

（三）武汉：以“绣花”功夫治理“新衙门作风”

2017年，《人民日报》先后刊发《新衙门作风是发展的绊脚石》《刹住“新衙门作风”》

《不能以自我感受代替群众评价》等文章，对“新衙门作风”进行深入剖析。“新衙门作风”就是服务不到位、进取不积极、工作不落实、担当不主动的不良作风。一是服务不到位。机关“门难进、脸难看”现象明显少了，但“只微笑不办事”的问题增多了；“吃拿卡要”现象明显少了，但“不贪不占也不干”的现象增多了；领导干部的纪律意识、规矩意识、服务意识增强了，但“小鬼难缠”的问题反映增多了，群众办事难的问题还没有得到根本解决。二是进取不积极。有的安于现状、盲目乐观、“庸懒散慢”问题还比较突出；有的习惯用老思维、老套路、老办法抓工作，缺乏改革创新的理念思路和能力魄力。三是工作不落实。有的出台政策照着上级依样画葫芦、上下一般粗，缺乏针对性，不解决实际问题；有的干工作只满足于开会、出文件；有的不愿直面问题，不敢“啃硬骨头”。有的只注重项目审批、资金分配，而忽视事前调研、事后监督，导致公共资源配置失效，严重损害政府公信力。四是担当不主动。有的当“太平官”，怕担风险不愿改革，怕出事宁可不干事，即使有上级文件要求，但没有实施细则、会议纪要或领导批示，就拖着或顶着不办；有的当“隐身人”，工作把关不严，管理下属失之于宽、失之于软。

“新衙门作风”是党的十八大高压反腐以来基层各级政府中的普遍问题，甚至可以说这一积弊早就存在，只是党的十八大后在很大程度上强化了。2017 年 2 月 4 日，武汉在新春首个工作日召开全市机关作风建设大会，新任市委书记陈一新提出向“新衙门作风”开战。一是建立评议机制。创新“互联网+评议”模式，实施全民大数据评议工程。连续两年被评为“不满意单位”的，对其主要责任人要就地免职，对主管部门分管领导要进行问责。二是建立问责机制。制定损害经济发展环境行为问责暂行办法，设立招商引资投诉处理中心，对损害发展软环境的行为零容忍。对反映审批问题的必查，对项目迟迟不落地的要督查，对投资业主撤回在武汉投资的要倒查。三是建立容错免责机制。市委出台《关于建立容错免责机制激励干部干事创业的实施办法（试行）》，列出容错免责清单，为敢于担当负责的干部担当负责，为改革创新的干部解除后顾之忧。四是建立激励机制。市委出台《关于激励干部担当作为的实施办法（试行）》，把“官帽”用于激励干部为党和人民干事创业上。对三年内考核没有一次被评为优秀单位的，其主要负责人不得优先提拔；对三年内考核没有一次被评为优秀干部的，不得优先提拔，真正体现“干多干少不一样、干好干坏不一样”。

（四）宝安：科技赋能农村集体经济“三资”管理

宝安区集体资产事务中心创新打造智慧集体资产监管系统 2.0 版，形成多链条、全流程集体资产管理中枢，围绕基层治理核心任务，利用大数据和人工智能等技术，让股份合作公司享受信息化果实，实现集体资产数据可视化、资产监管精准化、公司管理智能化。监管系统

2.0版功能涵盖了“三资”管理、公司管理、统计分析、数字地图、财务监管、银企互联等，实现区、街道对股份合作公司人、财、物的全面监管。2.0版上线以来，物业出租等集体资产交易项目成交41412宗，成交金额1000.91亿元，银企互联服务合作银行21家，实时监管银行账户1189个。系统累计录入股份合作公司固定资产信息32790条，土地资源信息7630条，合同信息60599条，股东信息90415条，有效提升集体资产监管能力。

以智能增效能，为科学决策提供支撑。全流程监管股份合作公司“三资”交易。依托系统，高效完成股份合作公司在物业出租、土地开发、货物和服务采购、建设工程以及产权股权交易等项目的备案与审核事宜，切实实现“三资”交易全流程的精准监管与完整留痕。同时，联通公共资源交易平台，为集体资产交易开辟更为全面的信息发布渠道，有力提升交易质量，确保股份合作公司的资产在规范、透明的环境中实现高效流转与增值。全覆盖实现在线监测动态化管理。设置合同到期、大额资金支出预警，集体资产管理部门实时掌握公司动态。合同期满前90—180天黄灯提醒，90天内红灯提醒。当日累计支出百万元以上向街道集体资产管理部门发送提醒短信，超过千万元向区、街道两级集体资产管理部门发送提醒短信。全方位支撑产业园区转型增效。围绕区委、区政府中心工作，联通亲清政企服务平台，做好产业用房招商招租，主动公开优质物业资源，提高优质企业匹配效率。建设集体园区管理模块，建立优质企业数据库，智能分析园区企业产业分布，统计园区企业空间使用情况，为产业空间匹配提供大数据支撑。全链条推进集体物业出租规范化进程。深度强化物业与合同的映射关联，有力支持物业托管、个性化租赁组合等多元功能。统一合同模板，为物业租赁交易提供规范与保障。合同登记智能提醒，确保交易形成闭环。精心梳理物业信息，为集体物业出租的规范发展奠定了坚实基础。

以算力换人力，为公司管理减负增效。首

创智慧投票表决系统。全市首创集体资产管理领域智慧投票表决系统，主要应用于换届选举、重大事项决策等场景。利用系统运算速度快、精度高的特点，有效解决股东（股东代表）人数和股权数复杂计算的难题，提高投票表决的准确性和便捷性，提升计票效率，运用科技手段确保票决过程公开透明，减少股民纠纷。安乐兴达股份合作公司作为首家启用智慧投票系统进行换届选举的公司，仅用 1 小时平稳规范完成换届，获得股民高度认可。建设在线学习功能。利用多媒体教学方式为用户提供最新的政策和系统操作指南，助力股份公司及各级管理人员实现快速衔接，使其能够及时掌握新功能。通过提高信息共享水平和管理效率，为企业发展注入新活力，共开展业务培训 13 次，累计培训 3852 人次。升级银企互联智能排查机制。为管理人员提供服务银行账户智能巡检提醒服务，及时发现账户异常状态，节约人工排查成本，提高工作效率。

从数字到数治，为基层治理提质赋能。建

设公司“一企一档”。挖掘数据潜力，建设股份合作公司“一企一档”，集合公司基础数据、人员信息、股权、资金、资产、资源、交易合同、重大事项等，一键生成公司档案，绘制公司精准“画像”，确保三资“底数清、情况明、数据准”。通过大数据比对分析，对合同管理、租金收缴、资产交易等异常情况进行预警，为公司治理提供数据支撑；区、街道层级管理部门快速掌握辖区集体经济发展情况，为集体经济基层治理工作提供科学决策支持。切实落实信息公开。升级企务、财务信息公开功能模块，为公司提供主动公开和依申请公开移动服务渠道，股民通过“i 深圳”APP 的“集体经济”服务模块随时了解公司信息，发挥股民的监督作用，增加股民的满意度和安全感。全面推进数据共享。打通与市级集体经济综合监管平台数据壁垒，实现市区集体业务管理一体化；集体产业接入区管控中心，完善全区主要行业统一分析和指挥调度。

三、将全面从严治党落到基层最实处

党的十八大以来，广东牢记习近平总书记嘱托，深入学习习近平总书记关于党的自我革命的重要思想，以实际行动捍卫“两个确立”、做到“两个维护”，保持反腐败政治定力，把党的伟大自我革命进行到底，奋力开创新时代改革开放新局面。2018 年，习近平总书记在听取广东省委和省政府工作汇报时指出，要继续推进作风建设，整治各种隐形变异“四风”问题，防范商品交换原则向党内渗透，规范政商交往行为，加快构建亲清新型政商关系。[①] 广东各级党组织切实担负起全面从严治党政治责任，始终坚持严的基调、严的措施、严的氛围，坚持党性党风党纪一起抓，把从严管理监督和鼓励担当作为高度统一起来，以钉钉子精神打好作

---

① 《高举新时代改革开放的旗帜　把改革开放不断推向深入》，《人民日报》2018 年 10 月 26 日。

风建设攻坚战、持久战。下一步，也要聚焦铲除腐败滋生土壤和条件，进一步将全面从严治党向纵深推进，特别是要以改革精神将防止腐败和改革举措同谋划、同部署、同落实，完善配置科学、制约有效、监督有力的权力运行机制。

（一）党纪学习“知底线”

党的二十届三中全会对全面加强党的纪律建设改革作出战略部署。党中央着眼解决大党独有难题、健全全面从严治党体系，对《中国共产党纪律处分条例》（以下简称《条例》）作了修订。《条例》进一步严明政治纪律和政治规矩，带动各项纪律全面从严，释放越往后执纪越严的强烈信号，发挥纪律建设标本兼治作用，为以中国式现代化全面推进强国建设、民族复兴伟业提供坚强纪律保障。下一步，广东要建立经常性和集中性相结合的纪律教育机制，准确运用监督执纪“四种形态”，推动学纪、知纪、明纪、守纪不断深入。要进一步把思想和行动统一到习近平总书记、党中央决策部署上来，推动全省党员干部在学纪、知纪、明纪、守纪上再提升，在以案明德、以案明纪、以案明法、以案明责中再警醒，在严以修身、严以用权、严以律己上再检视。要扎扎实实开展警示教育，是党纪学习教育的重要内容。用好不同领域、不同层级党员干部违纪违法典型案件“活教材”，用身边事、身边案把党纪说清楚、讲明白，督促本地本部门党员干部引以为戒、醒悟知止。推动各级党组织和广大党员、干部把党的纪律内化为日用而不觉的言行准则，维护党的团结统一，不断增强党的创造力、凝聚力、战斗力。

（二）八项规定“正风气”

健全防治形式主义、官僚主义制度机制，健全为基层减负长效机制，完善反腐同查同治工作机制。大力弘扬新风正气，以作风攻坚保障改革攻坚。特别是在进一步全面深化改革中，将力戒形式主义、官僚主义放到加强党的政治建设高度，紧盯与广东敢闯敢试、敢为人先的改革精神格格不入的形式主义、官僚主义典型问题，着力发现并纠正突出问题。党委履行主体责任，领导机关带头，纪委监委切实履行监督职责，形成合力，下大力气破解顽疾。形式主义背后是功利主义、实用主义作祟，政绩观错位、责任心缺失。官僚主义背后是官本位思想，价值观走偏、权力观扭曲。要坚持在查处个案的同时，念好“严、准、适、通、扩、用”六字诀，做到“七看”，即看违纪情节、危害程度、时间节点、动机原因、认错态度、一贯表现、群众口碑，体现纪法约束有硬度、批评教育有力度、组织关怀有温度，通过精准问责，发出纪律检查建议或监察建议，督促、推动相关党委（党组）建立遏制形式主义、官僚主义问题的长效机制。

（三）高压反腐“强震慑”

“政之所兴在顺民心，政之所废在逆民心”，一个政党，一个政权，其前途命运最终取决于人心向背。近年来，一些国家因长期积累的矛盾导致民怨载道、社会动荡、政权垮台，其中贪污腐败就是一个很重要的问题。大量事实告诉我们，腐败问题越演越烈，最终必然会亡党亡国，因为人民最痛恨腐败。当前，腐败和反腐败较量还在激烈进行，并呈现出一些新的阶段性特征，防范形形色色的利益集团成伙作势、“围猎”腐蚀还任重道远，有效应对腐败手段隐形变异、翻新升级还任重道远，彻底铲除腐败滋生土壤、实现海晏河清还任重道远，清理系统性腐败、化解风险隐患还任重道远。要保持清醒头脑，永远吹冲锋号，牢记反腐败永远在路上。深化整治权力集中、资金密集、资源富集领域腐败，严肃查处政商勾连破坏政治生态和经济发展环境问题，完善对重点行贿人的联合惩戒机制，强化对新型腐败和隐性腐败的快速反应、联合处置。对比较突出的行业性、系统性、地域性腐败问题进行专项整治，健全追逃防逃追赃机制。

（四）廉洁文化“润南粤”

深入学习贯彻党的二十届三中全会精神，按照中央纪委三次全会部署要求，把加强新时代廉洁文化建设作为一体推进不敢腐、不能腐、不想腐的基础性工程，以打造“廉润南粤”品牌为引领，以“一市一品牌”廉洁文化创建活动为抓手，深入挖掘岭南文化、红色文化中的廉洁基因，推动党风政风持续好转、政治生态不断优化，为加快建设清廉广东注入强劲动力。聚焦“关键少数”，把牢领导干部的思想“总开关”。领导干部理想信念“总开关”出了问题，要从夯实清正廉洁思想根基入手，要加强新时代廉洁文化建设，积极宣传廉洁理念、廉洁典型，营造崇廉拒腐的良好风尚。影响“绝大多数”，强化党员干部的廉洁意识。廉洁文化建设既要抓住“关键少数”，还要影响带动“绝大多数”，教育引导广大党员干部增强不想腐的自觉。把党纪学习教育与廉洁文化建设贯通起来，每年开展纪律教育学习月活动强化党纪教育，组织参观警示教育基地、观看警示教育片、旁听案件庭审等强化警示震慑，做到警钟长鸣。同时加强正面引领，深入挖掘、弘扬传承中华优秀传统文化、革命文化等中的廉洁营养，厚植廉洁奉公文化基础，推动党员干部形成遵守党纪、清廉自守的高度自觉。飞进千家万户，处处见“廉”助力化风成俗。廉洁文化建设说到底是润心化人的工作，让廉洁文化走进群众，必须扎下根、接地气，不断增强亲和力、吸引力、感染力。要运用新媒体新技术传播廉洁文化，丰富廉洁文化优质产品和服务供给，积极探索“廉洁文化+”模式，让廉洁文化“活”起来，使深度融入群众日常生活成为党员群众日用而不觉的行为准则。

第三章　强作风：以钉钉子精神推动改革举措落实到位

习近平总书记在党的二十大报告中指出，党用伟大奋斗创造了百年伟业，也一定能用新的伟大奋斗创造新的伟业。[①] 党的二十届三中全会通过的《决定》中也强调，对党中央进一步全面深化改革的决策部署，全党必须求真务实抓落实、敢做善为抓落实。广东是改革开放的排头兵、先行地、实验区，在中国式现代化建设的大局中地位重要、作用突出。习近平总书记考察期间寄望广东：锚定强国建设、民族复兴目标，围绕高质量发展这个首要任务和构建

① 《高举中国特色社会主义伟大旗帜　为全面建设社会主义现代化国家而团结奋斗》，《人民日报》2022 年 10 月 26 日。

新发展格局这个战略任务，在全面深化改革、扩大高水平对外开放、提升科技自立自强能力、建设现代化产业体系、促进城乡区域协调发展等方面继续走在全国前列，在推进中国式现代化建设中走在前列。[①] “五个继续走在全国前列”中处于首位的就是要在全面深化改革方面继续走在全国前列。党的二十届三中全会对未来五年的进一步全面深化改革作出了整体性战略部署，广东要深刻领悟“两个确立”的决定性意义，增强“四个意识”、坚定“四个自信”、做到“两个维护”，在以钉钉子精神抓好改革落实方面走在全国前列。

一、以钉钉子精神抓好改革落实

党的二十届三中全会特别强调，要坚持党中央对改革的集中统一领导，党中央领导改革

① 《坚定不移全面深化改革扩大高水平对外开放　在推进中国式现代化建设中走在前列》，《人民日报》2023年4月14日。

的总体设计、统筹协调、整体推进。这实际上也是党的十八届三中全会以来改革的推进逻辑发生重大转变的具体呈现。很长时间以来，中国改革的重要路径，是先有基层和地方的探索，创造好的经验，地方经验再上升为中央政策，然后在全国范围内实施。党的十八届三中全会提出国家治理体系和治理能力现代化的重大命题，党中央愈来愈重视顶层设计，基层治理作为国家治理的基础性部分，地方在落实党中央改革部署的过程中创造性开展试点工作，在总结试点经验的基础上再在更大范围内推广。换言之，中国改革在自下而上的“基层探索—地方经验—全国推广”路径的基础上，也有了上下互动的“顶层设计—地方规划—基层实施”路径，而且后者越发重要。正是有了党中央对进一步全面深化改革的集中统一领导，党的十八届三中全会以来才会实现改革由局部探索、破冰突围到系统集成、全面深化的转变，在很多领域实现历史性变革、系统性重塑、整体性重构。在进一步全面深化改革的过程中，更需要形成推进改革的整体链条。为此，党的二十届三中全会不仅对进一步全面深化改革做出全面部署，而且在如何坚持党中央对进一步全面深化改革的集中统一领导和以钉钉子精神抓好改革落实方面作出了决策部署、提出了具体要求，这也为广东在落实改革中走在全国前列提供了根本遵循。

（一）完善改革部署贯彻机制

党的二十届三中全会通过的《决定》是一个系统工程，《决定》部署的改革任务有综合性的也有专项性的，有全国性的也有区域性的，有紧迫性的也有战略性的，有规定性的也有探索性的。但要把《决定》的“大写意”转化为“工笔画”，进而落实为“施工图”，还需要在“学深悟透做实”的基础上形成系统性的改革部署落实机制。各地区各部门要树立全国一盘棋思想，自觉在大局下行动，全力以赴把党中央确定的原则、明确的举措、提出的要求不折不扣贯彻落实好。同时，要紧密结合实际，因地制宜，主动作为，找准自身面临的主要矛盾和矛盾的主要方面，制定切合实际的具体改革举措，防止照抄照搬、上下一般粗。对已经确定必须取得突破但一时还没有实践经验的改革，要采取试点先行探索的办法，取得经验、看准了再推开。对新领域新实践遇到的新问题，要充分尊重基层和群众首创精神，鼓励开拓创新，不断创造和积累可复制、可推广的新鲜经验。

一是大学习。习近平总书记指出，思想是行动的先导，要高度重视做好思想政治工作，改革推进到哪一步，思想政治工作就要跟进到哪一步，有的放矢开展思想政治工作，引导大家争当改革促进派。① 深入学习习近平总书记关于全面深化改革的系列论述和党的二十届三中全会精神，正确认识进一步全面深化改革的谋篇布局，准确理解每项改革举措的背景和定位、指向和内涵，从而有的放矢、精准发力地抓好

---

① 《把握改革大局自觉服从服务改革大局　共同把全面深化改革这篇大文章做好》，《人民日报》2015 年 5 月 16 日。

改革落实。《决定》的各项改革举措都是源于实践、奔着问题去的，是经过听取意见、深入调查研究提出的，有着明确的指向和要求。有的改革举措虽然就一句话，但那一句话可能就是一项重大改革，其论证过程很不简单，在权衡利弊、统一认识上做了大量工作。改革举措要落实好，必先理解好，理解偏颇、误解误读就会落实走样。因此，要深入领会《决定》中每项改革的道理学理哲理，准确理解改革每项举措的指向和内涵。首先，要站在推进中国式现代化的战略全局高度，正确认识进一步全面深化改革的谋篇布局，深入领会党中央的深谋远虑。新征程上，我们靠什么来进一步凝心聚力？就是要靠中国式现代化。进一步全面深化改革，必须紧紧围绕推进中国式现代化这个主题来展开，锚定继续完善和发展中国特色社会主义制度、推进国家治理体系和治理能力现代化的总目标，为中国式现代化提供强大动力和制度保障。要深刻理解各项改革举措的来龙去脉，弄清楚其在整体改革中承担什么角色、发挥什么作用、要达到什么目的，把握每项改革举措的背景和定位，做到知其然又知其所以然。其次，要从习近平总书记的“大历史观”出发，从更长的历史跨度、更宽的国际视野来理解改革。要从各领域改革进展和进一步深化改革需要解决的突出矛盾入手，搞清楚各项改革举措针对的是什么问题，创新的基点、关键点在哪里，内容边界、与其他相关改革举措的关联在哪里，明确改革靶向，做到知其言更知其义。

二是深调研。毛泽东同志曾强调，不根据实际情况进行讨论和审察，一味盲目执行，这种单纯建立在“上级”观念上的形式主义的态度是很不对的。[①] 当然，《决定》显然不是“上级”观念，而是基于中国实际的科学决策。但《决定》毕竟是面向全国的，而各地情况千差万别，抓落实务必实事求是、因地制宜，“一把钥匙开一把锁”，结合实际创造性开展工作。因

① 《毛泽东选集》第1卷，人民出版社1991年版，第111页。

此，要大兴调查研究，深入基层、深入实际，紧密结合实际，因地制宜，主动作为，找准自身面临的主要矛盾和矛盾的主要方面，制定切合实际的具体改革举措。具体而言，一是要鼓励地方创新。在做到“两个维护”的基础上，需要结合实际开拓创新，敢闯敢试，善作善成，努力创造可复制、可推广的新鲜经验。二是要走好群众路线。党的群众路线的真谛就在于，一切为了群众，一切依靠群众，从群众中来，到群众中去，把党的正确主张变成群众的自觉行动。既问需于民又问计于民，注重集思广益，把社会期盼、群众智慧、专家意见、基层经验充分吸收到改革设计中来。

三是真落实。“一分部署，九分落实”。改革是我们进行具有新的历史特点的伟大斗争的重要方面。全面深化改革，必须加强党对改革的领导，必须坚持问题导向，必须狠抓改革落实，必须深化对改革规律的认识和运用。《决定》中的改革部署要落地，就需要各级党组织提高政治判断力、政治领悟力、政治执行力，在全国大局中定准位站好位，抓好涉及本地区重大改革举措的组织实施。特别是广大基层党组织要成为有效实现党的领导、组织实施改革的坚强战斗堡垒。各级党政主要领导同志要担负起政治责任，把改革抓在手上，既挂帅又出征，重要改革亲自部署、重大方案亲自把关、关键环节亲自协调、落实情况亲自督查，在探索完善科学制度机制上下功夫，推动各领域各方面以钉钉子精神抓好改革落实。广大党员干部特别是各级领导干部应当以实际行动支持、参与、推动改革，做改革的促进派、实干家，不当改革的旁观者、空谈家。

（二）优化改革方案细化机制

《决定》的落地，需要各地区各部门牢固树立全国一盘棋思想，全面把握党中央和习近平总书记对本地区本领域发展的战略定位和指示要求，对自身承担的改革任务进行系统梳理，结合实际制订改革实施方案，既加强政策措施衔接，又创造性开展工作。这个过程中，首要的是要优化改革方案的生成机制。

合理设置改革议题。各地区改革议题的设置，首先要上接天线。要精准把握党中央进一步全面深化改革的各项部署，突出问题导向，围绕解决推进中国式现代化过程中的突出矛盾设置改革议题，做到改革议题积极稳妥、针对性强，努力争取以最高的效率和相对较少的资源投入取得最佳的改革效果。其次要下接地气。要根据本地实际需要，聚焦群众最大关切，在将中央改革部署落到基层实处的同时，深入挖掘地方性改革议题，推动改革工作依靠群众、惠及群众。

科学制定改革时序。在改革方案制订中，对中央改革方案中路径明确的规定动作，应当不折不扣做全做实；对中央改革方案中的原则性要求，应当因地制宜细化实化；对中央改革方案中没有明确规定但自身有迫切需要的改革空白点，可以有序试点、积极探索。要按照本轮改革任务完成的总体实践要求，聚焦 2029 年的时间节点，根据轻重缓急确定各项改革任务的起止时限，一个节点一个节点地推进，跑表计时，到点验收。当然，改革是先易后难、循序渐进，还是抓大带小、纲举目张，应该依具体情况而定。根据需要，可以优先从最急迫的事项改起，从老百姓最期盼的领域改起，从社会各界最能够达成共识的环节改起。也可以集中优势兵力，优先落实牵一发而动全身、落一子而满盘活的重要改革举措。

明确改革主体责任。抓好改革落实，关键在于抓好改革责任落实。具体到一个地方、一个部门，落实各项改革举措总是有牵头单位、参与单位、责任事项、责任人，做到事责对应、各就其位。牵头单位应当对牵头的改革举措主动制订实施方案，精心组织、全程负责、一抓到底，不能推诿责任。参与单位应当积极参与、主动配合，帮助出点子、谋实招，认真抓好分工事项的落实，不能敷衍应付。责任事项应当清晰完整，便于操作和检查，不能模糊不清。责任人应当勇于担当、亲力亲为，整合好资源力量，把握好进度质量，反馈好重要信息，总结好经验做法，不能当甩手掌柜。跨领域跨部门、某一单位难以牵头落实的改革举措，应当由党委、政府直接组织实施，“一竿子插到底”，防止出现“九龙治水”现象。

（三）健全改革举措落实机制

随着全面深化改革的深入推进，各种难啃的硬骨头越来越多，改革要顺利推进，必须广泛凝聚社会共识，营造改革环境、完善改革激励、做实改革督查、细化改革评价，为各项改革的推进提供强劲的动力。

营造改革氛围。改革涉及利益关系的调整，难免会有各种不同的声音，要及时关注社会上对改革的各种看法，完善改革舆论引导机制，通过各种媒体和方式把好的改革举措宣传好，让广大人民群众明白为什么要改革、怎么推进改革、改革有什么好处，着力让改革深入人心，取得凝心聚力的好效果，形成广大人民群众高度认同改革、积极参与改革、大力支持改革的良好局面。

强化改革激励机制。完善改革激励机制，及时对改革中的先进单位和个人进行表彰，形成良好的改革工作导向。特别是要加强对党员干部的教育引导，同时健全抓改革落实的机制，用好改革指挥棒，引导各级领导干部树立正确价值观，顾全大局，实事求是，雷厉风行抓改革，一身正气抓改革，求真务实抓改革，持之以恒抓改革，激励广大党员、干部担当作为，推动形成勇于创新、真抓实干、开拓奋进的浓厚改革氛围。从而进一步解放思想、解放和发展社会生产力、解放和增强社会活力，坚决破除各方面体制机制弊端。

做实改革督察。做实改革督察，是抓好改革落实的重要手段。改革督察，重在抓住要害和拓展深度。改革推进到哪里，督察就跟进到哪里。重点瞄准对经济社会发展影响大、改革落实难度大、与人民群众切身利益关系大的问题，既开展专项督察又开展全面督察、综合督察，在督任务、督进度、督成效的同时察认识、察责任、察作风，在发现问题、解决问题上下功夫。

纠正不良现象。抓好改革落实，也需要开负面清单，防止和纠正不良现象。如消极畏难，缺乏斗争意志、担当精神，害怕得罪人，不敢也不愿触碰深层次矛盾，对吹糠见米的改革抢着做、浓墨重彩，对动真格、难度大的改革绕道走、轻描淡写；如无的放矢，改革措施与发展目标错位，与解决矛盾问题脱节，甚至把改革本身当目的，为改革而改革。看似想了不少招，使了很大劲，结果空耗资源、无功劳碌，甚至南辕北辙；如贪图虚功，热衷于喊口号、造声势、摆花架，盲目追求改革举措、文案、文件的数量，把说的当做了，把做了当做成了，没有多少实绩就大肆宣传、到处邀功。抓改革不计成本、难以为继，甚至留下乱摊子、埋下新隐患；如本位主义，胸无大局，只考虑本地区本部门利益，对改革任务搞选择性落实，甚至不惜损害全局利益制定和执行自己的“土政策”，导致改革变形走样，把好经念歪；如简单草率，不管条件急于求成，将长期目标短期化实施，把“持久战”打成“突击战”，结果欲速不达。对整体任务简单分解，硬下指标，搞“一刀切”“一哄而上”，导致打乱仗；如推诿扯皮，逃避责任，上推下卸，一有问题就“甩锅”。针对这些不良现象，要从增强党性、改进作风、提高能力入手，加强对党员干部的教育引导，同时健全抓改革落实的机制，用好改革指挥棒，及时纠正偏差。

二、落实改革部署的先行示范

改革开放以来特别是新时代全面深化改革中，在新的改革逻辑和路径下，全国各地在深刻领悟“两个确立”决定性意义、增强“四个意识”、坚定“四个自信”、做到“两个维护”的基础上，积极结合实际开展改革试点，创设了很多好的改革经验，特别是这些改革项目背后党建引领改革推进的深层逻辑，在进一步全面深化改革中是值得学习和借鉴的。本部分四个案例中，“千万工程”改革主要是看如何以党建引领重点改革、重点工作、重点工程；深圳综合改革试点主要是看如何在中央授权下开展重点改革试点、探索先行经验；罗湖改革推进机制改革则是对具体改革机制的细化；容桂“村改”则主要是看最基层的街道如何在党的领导下将改革落到基层实处。

（一）浙江：党建引领“千万工程”改革试点

“千村示范、万村整治”工程（以下简称“千万工程”）是习近平总书记在浙江工作时亲自谋划、亲自部署、亲自推动的一项重大决策，全面实施20年来深刻改变了浙江农村的面貌。“千万工程”充分彰显了习近平总书记以非凡魄力开辟新路的远见卓识和战略眼光，全面展现了人民群众伟大实践同人民领袖伟大思想、伟大情怀相互激荡形成的凝聚力和创造力。总结推广“千万工程”的有益经验，对推动学习贯彻习近平新时代中国特色社会主义思想走深走实，完成艰巨繁重的改革发展稳定任务，具有特殊重要意义。

党建引领、党政主导。习近平总书记在浙江工作期间要求，各级党政主要负责人要切实承担“千万工程”领导责任；充分发挥基层党组织的战斗堡垒作用和党员的先锋模范作用。[①]浙江坚持把加强领导作为搞好“千万工程”的关键，建立党政“一把手”亲自抓、分管领导直接抓、一级抓一级、层层抓落实的工作推进机制，每年召开“千万工程”高规格现场会，省市县党政“一把手”参加，地点一般选在工作力度大、进步比较快、具有典型意义的县（市、区），营造比学赶超、争先创优浓厚氛围。坚持政府投入引导、农村集体和农民投入相结合、社会力量积极支持的机制，真金白银投入。将农村人居环境整治纳入为群众办实事内容，纳入党政干部绩效考核，强化奖惩激励。突出党政主导、各方协同、分级负责，配优配强村党组织书记、村委会主任，推行干部常态化驻

① 《一张蓝图绘到底》，《人民日报》2023 年 6 月 25 日。

村联户、结对帮扶，实行“网格化管理、组团式服务”。

以人为本、共建共享。习近平总书记在浙江工作期间强调，必须把增进广大农民群众的根本利益作为检验工作的根本标准，充分尊重农民的意愿，充分调动农村基层干部和广大农民群众的积极性和创造性。[①] 浙江在实施“千万工程”过程中，始终从农民群众角度思考问题，尊重民意、维护民利、强化民管。实施初始就把增进人民福祉、促进人的全面发展作为出发点和落脚点，从群众需要出发推进农村人居环境整治。在进行决策、推进改革时，坚持“村里的事情大家商量着办”，不搞强迫命令。厘清政府干和农民干的边界，该由政府干的主动想、精心谋、扎实做，该由农民自主干的不越位、不包揽、不干预，激发农民群众的主人

① 《总结推广浙江“千万工程”经验 推动学习贯彻习近平新时代中国特色社会主义思想走深走实》，《求是》2023 年第 11 期。

翁意识，广泛动员农民群众参与村级公共事务，推动实现从“要我建设美丽乡村”到“我要建设美丽乡村”的转变。

因地制宜、科学规划。习近平总书记在浙江工作期间要求，从浙江农村区域差异性大、经济社会发展不平衡和工程建设进度不平衡的实际出发；坚持规划先行，以点带面，着力提高建设水平。[①] 浙江在实施“千万工程”过程中，立足山区、平原、丘陵、沿海、岛屿等不同地形地貌，区分发达地区和欠发达地区、城郊村庄和纯农业村庄，结合地方发展水平、财政承受能力、农民接受程度开展工作，尽力而为、量力而行，标准有高有低、不搞整齐划一，“有多少汤泡多少馍”。着眼遵循乡村自身发展规律、体现农村特点、注意乡土味道、保留乡村风貌，构建以县域美丽乡村建设规划为龙头，村庄布局规划、中心村建设规划、农村土地综合整治规划、历史文化

① 《总结推广浙江“千万工程”经验　推动学习贯彻习近平新时代中国特色社会主义思想走深走实》，《求是》2023 年第 11 期。

村落保护利用规划为基础的“1+4”县域美丽乡村建设规划体系，强化规划刚性约束和执行力，一旦确定下来就不折不扣地实施。

由表及里、塑形铸魂。习近平总书记在浙江工作期间强调，要加强思想道德建设，开展多种形式的文化活动，满足农民群众日益增长的精神文化生活需求。[①] 浙江注重推动农村物质文明和精神文明相协调、硬件与软件相结合，努力把农村建设成农民身有所栖、心有所依的美好家园。大力弘扬社会主义核心价值观，加强法治教育，完善村规民约，持续推动移风易俗。构建农村文化礼堂效能评价体系、星级管理机制，在文化场所建设、文化活动开展中融入乡土特色、体现农民需求，变硬性推广为潜移默化，变“文化下乡”为“扎根在乡”。通过打造“美在安吉”、德清“德文化”等区域性品牌，挖掘农村传统文化基因，推动崇德向

---

① 《总结推广浙江“千万工程”经验　推动学习贯彻习近平新时代中国特色社会主义思想走深走实》，《求是》2023年第11期。

善。结合农村特性传承耕读文化、民间技艺，加强农业文化遗产保护、历史文化村落保护。在未来乡村建设中专门部署智慧文化、智慧教育工作，着力打造乡村网络文化活力高地。

循序渐进、久久为功。习近平总书记在浙江工作期间指出，要不断丰富“千万工程”内涵，拓展建设领域；坚持不懈地抓好这项惠及全省千百万农民的“德政工程”。[①] 浙江紧盯“千万工程”目标不动摇、不折腾，保持工作连续性和政策稳定性，每5年出台1个行动计划，每个重要阶段出台1个实施意见，以钉钉子精神推动各项建设任务顺利完成。根据不同发展阶段确定整治重点，与时俱进、创新举措，制订针对性解决方案，既不刮风搞运动，也不超越发展阶段提过高目标，从花钱少、见效快的农村垃圾集中处理、村庄环境清洁卫生入手，到改水改厕、村道硬化、绿化亮化，再到产业

① 《总结推广浙江“千万工程”经验　推动学习贯彻习近平新时代中国特色社会主义思想走深走实》，《求是》2023年第11期。

培育、公共服务完善、数字化改革，先易后难、层层递进。

（二）深圳：综合改革试点先行经验推向全国

中央支持率先在深圳探索综合授权改革试点，先后印发《中共中央、国务院关于支持深圳建设中国特色社会主义先行示范区的意见》《深圳建设中国特色社会主义先行示范区综合改革试点实施方案（2020—2025 年）》（下称《方案》），支持深圳以综合改革试点加快改革开放再出发。《方案》的 40 条首批授权事项清单中，要素市场化配置方面 14 条，营商环境方面 7 条，科技创新体制方面 6 条，对外开放方面 7 条，公共服务体制方面 3 条，生态和城市空间治理方面 3 条。4 年来，深圳积极创新综合授权改革试点机制，推动试点任务的完成和试点经验的推广。

在改革推进机制上，完善央地协同机制，深圳基本建立高效能综改推进机制，强化中央支持，构建以央地协同为核心的改革联动机制，形成中央改革办指导和国家发展改革委协调的部际联席会议议事制度。

在改革研究机制上，通过与深圳和北京两地智库单位深度合作，开展超过 20 项专项课题研究，举办超过 50 场面向政府部门、企业、行业协会的调研座谈会，以座谈会等形式征求超过 50 名行业专家意见，分领域形成多项研究报告，全面深度研判制约深圳高质量发展的改革难题，谋划改革项目，形成授权事项清单。

在改革落实机制上，“十四五”期间，每年以市委名义召开深圳综合改革试点攻坚推进大会，围绕重大改革、重大平台、重大项目系统梳理出难题任务 232 项，建立“1+1+N”落实体系和“四个一”落实标准，持续实行台账式管理、项目式实施、节点式推进，将“实施方案+授权清单”作为改革推进落实的全新方法，受到各方认可借鉴。

在组织保障机制上，一把手牵头推进改革，市委常委会专题研究行动方案，市委主要领导亲自部署，鼓励年轻干部主动揭榜。强化头雁引领，85 名局级干部牵头参加难题攻坚，216 名正处级以上干部领衔、529 名处科级干部协助，集中专业骨干力量开展攻坚。专门开发“百名干部破百题”小程序，帮助各级干部更便捷地实时查看工作进展、及时通报工作情况、分享工作经验。

在激励容错机制上，实施“百名干部破百题”专项行动，设立深圳综合改革试点突出贡献奖。出台容错纠错相关规定，市委、市政府明确，在推进制度创新等 8 个方面探索造成的无意过失，可予以容错；市委组织部专门制定不实举报澄清证明办法，为干部容错增加通道。

深圳综合改革试点首批 40 条授权事项已全面落地，40 条典型经验和创新举措在全国推广，示范引领作用充分显现。2021 年 10 月，国务院新闻办公室举行深圳综合改革试点实施一周年进展成效发布会。2022 年 10 月，国家发展改革委向全国推广深圳综合改革试点首批清单中的 4 方面、18 条典型经验和创新举措。2023

年10月，国家发展改革委等七部委联合发文，再次推广深圳综合改革试点22条创新举措和典型经验。近3年，国家发展改革委3次发文向全国推广深圳改革创新举措达87条，示范带动作用充分显现。

（三）罗湖：创新全面深化改革推进落实机制

习近平总书记在中央全面深化改革领导小组第三十一次会议讲话中指出，完善抓落实的工作机制和办法，把责任压实、要求提实、考核抓实，推动改革落地见效。[①] 习近平总书记还进一步强调，党政主要负责同志是抓改革的关键，要把改革放在更加突出位置来抓，不仅亲自抓、带头干，还要勇于挑最重的担子、啃最硬的骨头。[②] 为贯彻落实习近平总书记重要讲话

① 《投入更大精力抓好改革落实　压实责任提实要求抓实考核》，《人民日报》2016年12月31日。

② 《党政主要负责同志要亲力亲为抓改革扑下身子抓落实》，《人民日报》2017年2月7日。

精神，切实当好全面深化改革的排头兵，作为特区初创时“主战场”的罗湖创新全面深化改革推进落实机制，为抓好改革落实提供了制度支撑。

一是强化改革责任制。着力构建区主要领导亲自抓重点改革、区分管领导亲自抓分管领域改革、街道和区直部门领导亲自抓“微改革”的三级领导责任体系。落实改革进度责任制，专项领导小组审定完成改革实施方案，并按月排出进度进展，改革办和督导室负责改革落实情况的监督工作。

二是采取课题支撑制。全面深化改革必须坚持问题导向，问题破解之策必须基于基层社会调研，基层社会调研又依赖于课题支持。因此，各专项领导小组要针对改革内容设计课题，课题研究采取领导包干制，着力通过课题研究为改革工作提供理论支撑，着重提出可操作、可落地的具体改革举措。

三是创新团队服务制。专项领导小组根据改革方案组织改革推进团队，鼓励聘请高水平学术团队或专家学者参与改革方案制订、改革课题攻关、改革调研实施、改革经验总结等改革全过程，为改革提供“上接天线”“下接地气”的理论指导与智力支撑，提升改革的质感。

四是落实成果验收制。年底各专项领导小组要向区委改革办上报包括改革成果情况报告、改革成果获批示情况、改革成果被媒体报道情况等在内的改革成果材料。区委改革办负责组织居民代表、人大代表、政协委员、专家学者等以材料审阅与实地走访相结合的方式对各项改革进行成果验收。

实施经验推广制。各专项领导小组要积极对标“旧改”“棚改”“医改”等优秀改革项目，努力形成可借鉴、可复制、可推广的改革经验。鼓励各专项小组借智借力，与新型智库合作探索对改革成果进行经验总结、理论提升和宣传推广的有效机制。

（四）容桂：党建引领“村改”落实落细落小

容桂街道坚决贯彻落实上级工作部署，切实将村级工业园改造纳入街道党工委、办事处的头号工程，以闻鸡起舞、日夜兼程、风雨无阻的奋斗姿态全力以赴攻坚村改，提前超额完成了区下达的各项指标任务，成为佛山市顺德区第二个实现“万亩奔腾”的镇（街）。

党建引领，充分发挥带头作用。成立街道村改总攻指挥部，由街道党工委书记任总指挥，党工委副书记、办事处主任任副总指挥，高站位、高标准统筹推进村改总攻各项工作，集中全街道人力、财政、政策等资源全面向村改倾斜，将坚持党对一切工作的领导贯穿村改总攻全过程。压实街道领导班子的带头责任，由街道主要领导包干攻克重点难点股份社和居（村）民小组，其他班子成员每人承担相应的包干任务，班子全体成员全面下沉到社区（村）一线指导带领社区（村）党委全力推进各项目方案的表决。在工作开展过程中，遇到对村改不理解、不信任、不支持的群众，街道主要领导主动接触、破冰攻坚，争取最大支持。例如在华口表决推进过程中，有位群众党员因为对村改政策不理解、不清晰，一开始对方案存在抵触情绪。街道主要领导获悉情况后，直接与该名党员面对面沟通，宣讲党员义务，解释政策方案，分析利好实惠。通过不懈努力，最终不但消除了该名党员的疑虑，而且还成功争取到他加入村改党群先锋队，为建设美好家园贡献力量。

凝聚民心，坚持走好群众路线。坚持以群众利益作为工作的出发点和着眼点，用心、用情、用智慧、用汗水凝聚最大的共识，争取最广泛的群众支持。一是借势村改全力化解历史遗留问题。针对部分社区（村）群众要求在推进村改过程中顺势解决历史遗留问题的诉求，积极研究化解处理措施，切实做到能解决的限期解决，不能马上处理的上门实事求是做好解释，以实际行动争取群众的理解与支持。二是在制订方案前，充分征求股东代表、股份社、理事会的意见和建议，在依法依规的前提下为集体和群众争取最大利益，力争达到各方共赢。三是在表决过程中做足做细服务，通过采取预约时间、送票上门等方式为群众投票提供便利，确保不落下任何一户、任何一票。遇到群众以在外地上班为由不回来参加表决时，党群先锋队积极赶赴杏坛、中山等地，将选票送到他们手中。有的同志为争取每一张赞成票，即使落户走访连续吃“闭门羹”也毫不气馁，仍然坚持“三顾茅庐”，最终凭着恒心和毅力成功敲开了群众的家门和“心门”。四是积极协助腾挪企业妥善处理搬迁事宜，全力帮助企业解决实际困难，最大限度降低搬迁腾挪给企业造成的影响，以“贴身+贴心”的服务争取企业的理解和支持，主动签订按时搬迁承诺书，为项目的清拆清退创造了条件。

加强宣传，把握正确舆论导向。将内容复杂的村改方案用通俗易懂的语言，编辑成“致广大村民的一封信”，派送到每一户居民群众手中，让群众对村改方案读得懂、看得明。从部门、社区（村）抽调一批农村工作经验丰富的业务骨干组成政策宣讲队，深入基层向广大居民群众宣传村改方案政策以及所带来的红利，让群众对未来有所期、有所盼。及时总结报道在村改推进过程中涌现的先进事迹、好人好事，让村改正能量深入传播、触动人心。充分利用新媒体（抖音、微信公众号等）生动宣传村改成效和未来发展前景，不断提升村改在群众中的知晓率和支持率。

全民参与，共同推动乡村振兴。发动志愿者积极参与家乡建设，协助社区开展工作，解释方案，宣讲政策，代写选票，以无私奉献精神诠释自己家园自己建。充分发挥人大、政协参政议政作用，邀请代表、委员全程参与村改方案的落户宣传和表决，在做好监督的同时，积极为党委政府发声，为村改凝聚共识。广泛争取社会各界、热心群众、商协会和团体以多种形式支持村改，充分发挥行业、领域影响力，为村改各项目的推进献策献力。例如在龙涌口项目表决过程中，容桂青年商会部分青年企业家主动到一线慰问工作人员，为村改铁军加油鼓劲，以实际行动感染和号召更多人投身乡村振兴事业。

秉承初心，打造新时代容桂铁军。坚持把基层一线作为培养锻炼年轻干部的“练兵场”，选派党员干部到村改总攻主战场多捧“烫手山芋”、多当“热锅蚂蚁”，让他们经风雨、强素质、长才干，练就真本领。村改进入“猛攻”阶段以来，先后出台了村改“猛攻”阶段激励措施、激励社区（村）在村改“猛攻”阶段奋勇拼搏担当有为工作方案等系列文件，全面激发了村改一线队伍干事创业的激情和战斗力，为村改猛攻表决汇聚了强大力量。全体村改干部坚持秉持“一旦出发，必须到达”的理想信念，践行“没有困难，只有办法”的工作作风，发扬“今晚再晚也是早，明早再早也是晚”的韧劲干劲，主动担当，勇于作为，借势村改解决了多年来阻碍华口、南区、龙涌口等社区（村）发展的历史问题，将一个个不可能硬生生扭转为可能。同时也改出了干部队伍的精气神，改出了民心所向和美好前景，为社区（村）“两委”换届选举的圆满完成奠定了坚实的基础。在龙涌口“全面乡村振兴”项目方案表决胜利通过后，街道连夜召开党工委书记办公会议，研究并动议提拔重用在村改中表现优秀的干部，为广大党员干部树立了榜样。

三、把改革的旗帜举得更高更稳

广东是改革开放的排头兵、先行地、实验区，在中国式现代化建设的大局中地位重要、作用突出。新时代以来，习近平总书记多次考察广东，对广东的发展特别是广东的改革开放作出了新的要求，广东要弘扬敢闯敢试、敢为人先的改革精神，立足自身优势，创造更多经验，把改革开放的旗帜举得更高更稳。[①] 广东一直在领跑，一直是奋进者，新征程上要进一步

① 《高举新时代改革开放的旗帜　把改革开放不断推向深入》，《人民日报》2018 年 10 月 26 日。

做改革开放的领跑者，走在全国前列，最根本的是要继续弘扬敢闯敢试、敢为人先的改革精神，推动思想再解放、改革再深入、工作再落实，做中国特色社会主义现代化国家建设的贡献者，在新时代创造出让世界刮目相看的新的更大奇迹。广东在中国式现代化建设中走在全国前列，最重要的就是深入学习习近平总书记对广东的系列指示精神，在坚持党的领导的基础上推动思想再解放、改革再深入、工作再落实。

（一）以思想破冰引领改革突围

冲破思想观念的障碍、突破利益固化的藩篱，解放思想是首要的。在深化改革问题上，一些思想观念障碍往往不是来自体制外而是来自体制内。思想不解放，我们就很难看清各种利益固化的症结所在，很难找准突破的方向和着力点，很难拿出创造性的改革举措。[①] 四十多

① 《中国共产党第十八届中央委员会第三次全体会议文件汇编》，人民出版社 2013 年版，第 114 页。

年前的改革开放就是从真理问题大讨论开始的。党的十一届三中全会冲破长期“左”的错误的严重束缚，批评“两个凡是”的错误方针，充分肯定必须完整、准确地掌握毛泽东思想的科学体系，高度评价关于真理标准问题的讨论，果断结束“以阶级斗争为纲”，重新确立马克思主义的思想路线、政治路线、组织路线。从此，我国改革开放拉开了大幕。

在中国式现代化进程中，特别是进一步全面深化改革中，更是要以思想解放引领改革突围，要朝着现代化的方向解放思想。其实，从世界范围来看，很多致力于实现现代化的发展中国家，在经历了长久的现代化阵痛和难产之后，才逐渐意识到，国民的心理和精神仍然被牢固地封锁在传统的意识之中，这种状况构成了对经济和社会发展的严重障碍。如果一个国家人民缺乏一种能赋予这些制度以真实生命力的广泛的现代心理基础，如果执行和运用这些现代制度的人，自身还没从心理、思想、态度和行为方式上都经历一个向现代化转变的过程，失败和畸形发展的悲剧结局是不可避免的。再完善的现代制度和管理方式，再先进的技术工艺，也会在一群传统人的手中变成一堆废纸。因此，要沿着现代化的方向再来一些解放思想大讨论，以思想破冰引领改革突围。

因循守旧没有出路，畏缩不前坐失良机。改革开放的过程就是思想解放的过程。没有思想大解放，就不会有改革大突破。广东自近代以来就领风气之先，改革开放四十多年来更是始终在解放思想方面走在前列。新的历史节点上，习近平总书记寄望广东在中国式现代化建设中走在前列，这就要求我们进一步解放思想。当然，解放思想不是脱离国情的异想天开，也不是闭门造车的主观想象，更不是毫无章法的莽撞蛮干。解放思想的目的在于更好实事求是。要坚持解放思想和实事求是的有机统一，一切从国情出发、从实际出发，既总结国内成功做法又借鉴国外有益经验；既大胆探索又脚踏实地，敢闯敢干，大胆实践，多出可复制可推广的经验，为进一步全面深化改革、推进中国式现代化贡献广东经验。

（二）以科学方法推动改革深入

习近平总书记指出，改革又到了一个新的历史关头，很多都是前所未有的问题，推进改革的复杂程度、敏感程度、艰巨程度不亚于40年前。[①]习近平总书记说改革的复杂程度、敏感程度、艰巨程度不亚于40年前，无非是改革进入深水区，改革开始碰触利益关系，改革的难度加大了。

广东改革开放40年来经济社会发展走在全国前列，但在迅速发展的过程中也遗留了大量问题，特别是发展不平衡不充分的问题还较为突出，这些问题都是社会主要矛盾变化的反映，是发展中的问题，必须进一步全面深化改革，从体制机制上推动解决。当然，改革需要魄力，同样需要讲求科学方法，处理好方方面面的关

---

① 习近平：《在深圳经济特区建立40周年庆祝大会上的讲话》，新华社2020年10月14日。

系。要坚持改革和法治相统一、坚持破和立的辩证统一、坚持改革和开放相统一、处理好部署和落实的关系，推动改革举措落实落细落小到位。此外，改革需要凝聚全社会的共识，要切实做好改革舆论引导工作，加强正面宣传，唱响主旋律、传递正能量。加强对二十届三中全会《决定》提出的一些重大理论观点的研究和阐释，特别是加强面向基层和群众的宣传、解读，及时解疑释惑，回应社会关切，广泛凝聚共识，筑牢全党全社会共抓改革的思想基础、群众基础。

新时代新征程，广东要奋力探索全面建设社会主义现代化的广东实践、全面探索中国式现代化的广东路径，首先就要全力以赴把党的二十届三中全会擘画的进一步全面深化改革的蓝图落实好。其中，既需要省委、省政府统筹协调、整体推进；又需要各省直部门担负好主体责任，深入研究推进本部门本单位本系统改革任务落地见效；还需要各地市党委、政府抓好重大改革举措的组织实施，并采取试点先行探索的办法不断创造新鲜经验。既需要改革主管部门抓统筹部署和督察落实，对关键性改革牵头组织制订方案；又需要改革牵头部门和参与部门各负其责，抓好改革落实工作。既需要各级党政主要负责同志重要改革亲自部署、重大方案亲自把关、关键环节亲自协调、落实情况亲自督查；又需要广大党员干部以实际行动支持、参与、推动改革，做改革的促进派、实干家。此外，人民群众是改革智慧和力量的来源，要践行“四下基层”制度，走好新时代党的群众路线。

（三）以斗争精神推进改革落实

党用伟大奋斗创造了百年伟业，也一定能用新的伟大奋斗创造新的伟业。习近平总书记在深圳经济特区建立 40 周年庆祝大会上指出，四十载波澜壮阔，新征程催人奋进。经济特区的沧桑巨变是一代又一代特区建设者拼搏奋斗干出来的。在新起点上，经济特区广大干部群众要坚定不移贯彻落实党中央决策部署，永葆

“闯”的精神、“创”的劲头、“干”的作风，努力续写更多“春天的故事”，努力创造让世界刮目相看的新的更大奇迹！①

但也要看到，当前一些干部的思想观念、精神状态、工作作风，与中央、省委的期望相比，与当年的特区“拓荒牛”相比，与当今时代发展要求相比：敢闯敢试、敢为天下先的锐气少了，因循守旧、故步自封的暮气多了；居安思危、艰苦创业的忧患意识少了，满足现状、过小日子的安逸思想多了；雷厉风行、一抓到底的实干精神少了，四平八稳、光说不练的飘浮作风多了。如何突破重重约束，实现更可持续、更有质量、更高速度的发展，更好发挥全国经济中心城市的辐射带动作用？如何推出更多系统性、核心级的改革项目，拿出一些在全国“叫得响”的改革举措，把经济特区的“金字招牌”擦得更亮？如何补齐民生领域的短板

① 习近平：《在深圳经济特区建立40周年庆祝大会上的讲话》，新华社2020年10月14日。

欠账，让老百姓更多、更公平享受到改革发展的“红利”，对这座城市更有归属感、认同感？如何在历史遗留问题上不回避、不拖延，多做一些打基础、利长远的工作，让历史问题不再“遗留”、画上“句号”？因此，要增强政治责任感、历史使命感，以攻坚克难、迎难而上的政治勇气，直面矛盾问题不回避，铲除顽瘴痼疾不含糊，应对风险挑战不退缩，奋力打开改革发展新天地。要善于运用科学的方法推进改革，要系统布局、谋定而动。

进一步全面深化改革锚定继续完善和发展中国特色社会主义制度、推进国家治理体系和治理能力现代化的总目标，提出300多项重要改革举措，涉及范围广、触及利益深、攻坚难度大，且要求在2029年完成。改革又到了一个新的历史关头，改革越是向纵深推进，触及的利益矛盾越是复杂尖锐，硬骨头越难啃，每前进一步都不容易，这就对各级党组织正确判断形势、科学谋划改革、广泛凝聚力量、推动改革落实，对广大党员干部精神状态、思想观念、素质能力、作风形象提出了新的更高要求。也要看到，当前一些基层党组织政治功能不强，弱化、虚化、边缘化问题还没有完全解决；一些党员敢闯敢试、敢为天下先的改革锐气不够，缺乏斗争精神、担当精神，不敢也不愿碰触深层次矛盾，直接挫伤了改革积极性，影响了改革氛围和改革成效。这就需要在进一步全面深化改革中凝聚全党全军全国各族人民的改革共识和磅礴伟力，特别是要从更长远的历史眼光和更宽阔的国际视野深刻理解进一步全面深化改革的总目标，激发广大党员干部时不我待的历史责任感和只争朝夕的时代紧迫感，引导广大党员群众牢固树立改革没有局外人和旁观者的观念，争当进一步全面深化改革的参与者和贡献者。引导广大人民群众融入到波澜壮阔的进一步全面深化改革大局中来，共同将党的二十届三中全会提出的改革举措深深印在南粤大地上。

主要参考文献

1.《中共中央关于进一步全面深化改革推进中国式现代化的决定》，人民出版社 2024 年版。

2.《〈中共中央关于进一步全面深化改革、推进中国式现代化的决定〉辅导读本》，人民出版社 2024 年版。

3.《党的二十届三中全会〈决定〉学习辅导百问》，党建读物出版社、学习出版社 2024 年版。

4.《习近平谈治国理政》第 1、2、3、4 卷，外文出版社 2018、2017、2020、2022 年版。

5. 习近平：《论坚持党对一切工作的领导》，中央文献出版社 2019 年版。

6. 习近平：《论坚持全面深化改革》，中央文献出版社 2018 年版。

7.《习近平关于全面从严治党论述摘编》，中央文献出版社 2016 年版。

8.《习近平关于全面深化改革论述摘编》，中央文献出版社 2014 年版。

9.《中国共产党第二十次全国代表大会文件汇编》，人民出版社 2022 年版。

10. 王沪宁：《政治的逻辑：马克思主义政治学原理》，上海人民出版社 2004 年版。

11. 林尚立：《当代中国政治基础与发展》，中国大百科全书出版社 2017 年版。

后　　记

为深入学习贯彻党的二十届三中全会精神，认真落实中共广东省委十三届五次全会精神和要求，充分发挥党校干部培训、思想引领作用，中共广东省委党校（广东行政学院）以“改革再造一个新广东”为丛书名组织校（院）专家学者编写系列教材。其中，本书聚焦“坚持用改革精神和严的标准管党治党”的重要要求，深入学习党中央的改革部署，系统总结各地的先行实践，结合广东具体实际，探索以高质量党建引领进一步全面深化改革，形成了本书书稿。

本书由中共广东省委党校（广东行政学院）党的建设教研部副主任吴记峰副教授牵头进行，来自广东省委党校、广州市委党校的学者共同参与撰写工作，具体分工如下：吴记峰副教授统筹和主笔，省委党校党的建设教研部张克兵副教授参与了第二章的撰写，广州市委党校党史党建教研部邓善凤副教授参与了第一章的撰写，广东省委党校中共党史（党的建设）专业硕士研究生文婷同学负责了书稿的校对工作。本书是集体攻关的成果，在时间紧、任务重的情况下，各位成员潜心钻研、兢兢业业、团结合作，高质量完成了本书的撰写工作。

在本书撰写和出版过程中，中共广东省委党校（广东行政学院）常务副校长蒋达勇同志、校委委员刘朋同志、教务处处长许德友同志组织进行了多轮讨论论证，中共党史教研部主任王玉云教授对本书进行了审读把关，多次提出修改意见。在本书付梓之际，谨对他们的辛勤付出表示衷心的感谢！

党的二十届三中全会精神内涵丰富、博大精深，广东作为排头兵、先行地和实验区，在加强党的领导和党的建设方面大胆实践、大胆探索，有许多值得挖掘提炼的好经验、好做法。

但受水平和时间所限，书中难免有错漏与不当之处，敬请各位读者不吝指正赐教！

本书编写组

2024 年 12 月